TRAITÉ

DU

LAVIS DES PLANS.

TRAITÉ

DU
LAVIS DES PLANS,

APPLIQUÉ PRINCIPALEMENT

AUX

RECONNAISSANCES MILITAIRES.

Ouvrage fondé sur les Principes de l'Art qui a pour objet l'Imitation de la Nature, et où l'on enseigne à rendre, avec toute l'exactitude possible, sur de grandes échelles, un Terrain quelconque.

Enrichi de 9 Planches gravées en taille-douce.

Par L. N. LESPINASSE,

Chef de Bataillon, Membre de la ci-devant Académie de Peinture et Sculpture.

A PARIS,

Chez MAGIMEL, Libraire pour l'Art Militaire, Quai des Augustins, n°. 73, près le Pont-Neuf.

AN IX. — 1801.

TRAITÉ

DU LAVIS DES PLANS.

Réflexions préliminaires.

1. L'OBJET de cet ouvrage est de perfectionner, ou, au moins, d'améliorer le genre de dessin, ou le faire de Cartes dites Topographiques.

Il est généralement reconnu que ces Cartes sont d'une nécessité absolue pour toutes les opérations militaires, soit qu'elles se concentrent dans les cabinets des gouvernemens, soient qu'elles soient confiées à des Officiers-Généraux.

Leur exécution accoutumée, jusqu'à ce jour, a-t-elle répondu à leur utilité? On ne le pense pas; au lieu de présenter les choses, elles ne présentent que la place.

Cependant on les nomme aussi *Paysage Plan ;* mais on n'y trouve point le paysage, et voilà ce qui manque absolument à la perfection de cartes levées d'ailleurs avec toute l'exactitude possible.

2...

2. Il faut qu'une carte topographique présente non-seulement le pays déterminé géométralement, mais encore sa nature.

Il faut enfin qu'elle fasse sentir le modèle du terrain, si l'on peut s'exprimer ainsi.

L'on objectera peut-être, que l'on ne peut atteindre le but que l'on s'est proposé, sans défigurer ou altérer les diverses dimensions du plan, et que ces dimensions étant appuyées sur des bases géométriques, ne doivent et ne peuvent être modifiées. Mais si l'on atteint le but en question, sans rien changer à l'exactitude du plan, n'aura-t-on pas répondu à l'objection?

3. Que faire pour y parvenir? Joindre aux connaissances géométriques et militaires, quelques unes de celles de l'artiste.

L'on invite donc tous ceux qui se destinent au Génie, et ceux qui par état sont dans le cas de lever, et de dessiner des plans et des cartes sur de grandes échelles, à prendre des notions suffisantes des principes de l'art d'imiter la nature. Car il faut le dire, tous les moyens prescrits jusques ici par tous les Traités faits sur cette matière, et consacrés par l'usage, sont diamétralement opposés à leur objet.

« Des erreurs érigées en principes sont devenues des règles, et de bons esprits s'y sont assujétis faute de réflexions, ou du courage nécessaire pour secouer le joug qui leur avait été imposé par leurs prédécesseurs (1) ».

« Le moment de le secouer ce joug doit être arrivé, ou il n'arrivera jamais.

Faisons donc un premier pas vers le but réel, ne fût-ce que pour en indiquer la route à de plus instruits, qui y arriveront sûrement, soit par leur lumières supérieures, soit par cette énergie qui confond le préjugé (2).

Il est bien étrange qu'au point où en sont les arts, dans toutes les parties qui ont pour but l'imitation de la nature, personne (à ma connaissance) n'aie encore imaginé qu'il y eût quelque chose de mieux à faire, que de suivre une convention routinière enfantée par l'ignorance.

Dans cette convention, on ne trouve aucune trace de ce qu'on appelle principes d'imitation ni d'effets naturels.

---

(1) Perspective aërienne, par Saint-Morien.

(2) Il ne faut pas se dissimuler que la plus grande difficulté sera d'en triompher, le reste par comparaison sera facile.

On n'y trouve au contraire qu'un mécanisme pénible et ennuyeux.

Ses résultats n'offrent point ce qu'on a voulu représenter, parce que les moyens employés pour les obtenir, discordant avec tout ce qui doit concourir à l'ensemble harmonieux de la nature, ne servent qu'à la défigurer.

Tels seraient le trait et l'ensemble déjà ressemblant d'un portrait tracé par une main savante, si on s'avisait (dans la vue d'y mettre un beau coloris) d'y répandre des couleurs crues, disparates entr'elles, sans égard au passage d'un ton à un autre, sans idées des dessous préparatoires, qui donnent la vigueur et la fraîcheur de couleur, et contribuent à cet ensemble qui fait illusion.

Il n'en résulterait qu'une figure hideuse, qui n'aurait plus de ressemblance avec l'objet qu'on a voulu peindre.

Il est évident que, sans l'étude des effets de la nature, et sans principes d'imitation on ne fait rien de bien dans aucun genre.

4. Quoi qu'il en soit de tout ce qu'on vient de dire, il ne faut pas en conclure que l'on veuille déprécier tout ce qui a été prescrit sur cette matière, et que l'on est

convenu d'exécuter pour parvenir à exprimer les plans et les cartes, lorsque la grandeur des échelles ne les rend pas susceptibles d'effets aëriens.

5. Aussi doit-on s'en tenir pour tout le reste aux règles décrites, par l'ingénieur Buchotte, par l'auteur de l'attaque et de la défense des petits postes, par celui du dessinateur au cabinet et à l'armée.

6. C'est-à-dire pour tout ce qui concerne le lavis des plans des ouvrages, bâtimens, coupes, profils et élévations d'architecture militaire et civile, ainsi que des cartes sur de petits points d'échelles.

Tous les moyens et tous les procédés à suivre sont détaillés par ces auteurs, de manière à ne rien laisser à desirer sur ces divers objets.

Il ne faut pas non plus en conclure que l'on veuille faire de tous les dessinateurs topographes des artistes consommés; non, ce n'est pas là l'idée de l'auteur.

7. Mais il faut qu'il sachent dessiner; car savoir tirer des lignes, est bien un genre de dessin nécessaire, mais qui ne suffit pas; il faut encore que sans le secours de la règle et du compas, la main et le jugement puis-

sent exprimer tout ce qui n'est pas en ligne droite, et tous les objets dont la nature varie les formes à l'infini.

Un an d'exercice dans un grand attelier de peintre du premier ordre, suffirait à celui qui aura des dispositions et de l'application. Qu'il dessine ensuite le paysage d'après nature, il se mettra ainsi dans la nécessité de s'instruire sur les effets de perspective linéaire et aërienne.

On dira, sans doute, que ces connaissances n'ont aucun rapport avec le dessin de la carte, dont toutes les données sont géométrales, et dont il n'est pas possible de s'écarter; on sera dans l'erreur, et voici pourquoi :

1°. Il faut que l'ingénieur topographe sache dessiner, pour donner aux choses qu'il aura à exprimer, des formes vraies ou naturelles. Dans un paysage-plan, bien des détails se font à volonté, mais il faut les rendre avec cet esprit qui indique la nature de ces détails, et subordonnément à l'échelle du plan ; ce qui ne peut se faire, ou ce qui se fait mal, si l'on n'est véritablement dessinateur.

2°. Il faut qu'en dessinant d'après nature, le paysage, il se familiarise beaucoup avec les détails de rochers, d'escarpemans, de ravins, etc. différemment variés et modifiés, afin de les avoir, pour ainsi dire, à la main, lorsqu'ils se présentent dans les cartes, ce qui y arrive le plus souvent.

Car ce n'est pas avec des masses de noir et de blanc jettées au hasard, sans forme et sans effet, qu'on imite la nature.

3°. L'usage est de donner à un plan quelconque un sens et un jour déterminé pour le regarder ; cet usage peut être considéré comme une licence, il est cependant fondé en raison et indispensable.

Toutes les parties d'une carte doivent donc avoir aussi leur sens pour être vues dans leur ensemble.

Dans cet ensemble, il se trouve des pentes de montagnes vues dans un sens fuyant, lesquels doivent présenter l'effet du plan incliné en raccourci, sans qu'il y ait cependant de raccourci réel, puisqu'on est astreint à se renfermer dans l'espace donné pour leur pente ou leur base.

De plus, les parties fuyantes des montagnes présentent aussi des escarpemens, des éboulemens de terres ou de roches, de formes très-difficiles à rendre, et qu'on ne peut exprimer qu'avec le sentiment et le tact des raccourcis linéaires.

Le géométral n'en est point altéré , et l'on parvient par ce moyen à un ensemble exact, dont l'œil saisit aisément les détails.

4°. Enfin il faut de la perspective aërienne pour l'accord des couleurs locales, et l'harmonie générale.

Des définitions qui suivent, et de l'énumération des objets qui doivent être exprimés dans les cartes topographiques selon leurs différens genres , résulte naturellement la division de cet ouvrage en deux parties, et ses subdivisions en chapitres.

Définitions.

En général, une carte topographique est la carte particulière d'un pays, ou d'une portion de pays, levée sur une grande échelle.

Celle de cette nature que l'on emploie à l'armée sous le nom de reconnaissances militaires, et au moyen desquelles on exprime tout ce qu'il est essentiel de connaître pour former et exécuter un projet de campagne, comprennent ce qui suit.

« (1) On y voit les marches qu'une armée

____

(1) Encyclopédie, tome 1ᵉʳ., article Carte militaire. Par le citoyen Joly, ingénieur-géographe-militaire.

» peut faire, les lieux où elle peut camper,
» les divers postes qu'elle peut occuper, les
» défilés et leur longueur, les rivières, les
» ruisseaux, leur largeur, leur profondeur ;
» les gués, la nature du fond, la hauteur des
» bords ; les ponts, les passages, les mou-
» lins, les canaux, les étangs, les fontaines,
» les villages, les hauteurs, leurs pentes,
» leurs escarpemens ; les vallons, les ravins,
» leur largeur, leur profondeur, les fossés,
» les champs clos, les bois, les marais, la
» nature des plaines, les cantons de fourrages,
» les distances d'un lieu à un autre, le nombre
» des maisons et écuries de chaque lieu ; les
» différens chemins, leur qualité, etc.

» Si la carte présente quelques parties de
» mer, on y distingue la nature de la côte ;
» les laisses de haute et basse mer, de morte
» eau comme de vive eau ; les sondes des
» anses, des baies ; les dangers de toute es-
» pèce ; les différentes batteries établies pour
» la défense des mouillages, des passes ; les
» retranchemens ; les épaulemens pratiqués
» dans les parties où l'ennemi peut tenter une
» descente ; les camps, les postes qui doivent
» couvrir les principaux établissemens de
» l'intérieur du pays, etc.

» Tous ces détails peuvent être compris

» dans une carte militaire, et à l'aide d'une
» légende ou d'un mémoire, se faire sentir
» aisément.

» Mais il y a très-peu de gens capables
« d'un tel travail ; il n'y en a pourtant pas
» de plus important pour pouvoir régler et
» conduire les opérations d'une campagne.

» On ne peut donc former trop de sujets
» pour une partie si profonde et si essentielle».

Si la manière de représenter un terrain avec
exactitude et vérité, dans tous ses détails, est
importante, la partie qui concerne les mémoires
explicatifs et instructifs, ne l'est pas moins,
pour donner l'intelligence des choses que le
dessin ne peut rendre ; et elle exige non-seulement une théorie très - étendue de l'art de
la guerre, mais encore du génie et beaucoup
d'expérience.

On ne peut s'en former une plus juste et
plus haute idée, qu'en lisant en entier l'article de l'Encyclopédie, que l'on vient de citer,
et auquel on renvoie le lecteur pour cet
objet.

C'est une partie du tout à traiter isolément,
quoiqu'essentiellement liée à l'ensemble, mais
qui est indépendante de cet ouvrage, où l'on
ne considère que la manière d'exprimer le
terrain.

On distingue deux espèces de cartes militaires ; savoir :

« Celles qui sont levées géométriquement,
» et à l'aide des instrumens usités pour cela.

» Et celles qui sont simplement faites à
» vue, et auxquelles appartient proprement
» le nom de reconnaissances militaires.

» Entre ces deux espèces, on peut cepen-
» dant en considérer une troisième : telle
» serait une carte, dont les principaux points
» seraient arrêtés, et dont tout le détail au-
» rait été rempli à vue.

» Ces différens genres de plans topogra-
» phiques ont cela de commun, qu'ils exi-
» gent de la part des personnes qui s'en occu-
» pent, une grande facilité de figurer le ter-
» rain, laquelle ne s'acquiert que par l'usage ».

(On pourrait ajouter, et par l'habitude de
dessiner d'après nature le paysage).

« Lorsque pendant le calme de la paix, on
» lève le plan d'une partie de terrain quelcon-
» que, à l'effet de rechercher quels moyens de
» défense la nature particulière du local peut
» présenter, pour pouvoir en faire l'applica-
» tion au besoin, ce travail peut et doit être
» exécuté dans le plus grand détail, et avec
» toute l'exactitude la plus scrupuleuse.

» **Mais** lorsque dans le tumulte de la guerre,
» sous les yeux même de l'ennemi, il s'agit
» de rendre compte d'un pays, où il faut
» tout de suite faire mouvoir, marcher, ma-
» nœuvrer une nombreuse armée, etc.

» C'est par le moyen d'une carte figurée à
» vue, avec la plus grande célérité, et d'un
» mémoire qui instruise des choses que le
» dessin seul ne peut rendre intelligibles,
» qu'on parvient à remplir cet objet impor-
» tant ».

D'où il semble résulter deux manières de rendre ou d'exprimer le terrain, quoique ce soit au fond par les mêmes moyens.

L'une consiste dans le genre terminé, l'autre dans le genre heurté.

Dans le dernier, il n'est question seulement que de donner, par l'esprit de la touche, l'indication des choses qu'il est nécessaire de connaître, étant superflu, dans ce cas, de s'appesantir sur des détails inutiles pour le moment, et d'y employer un tems d'autant plus précieux, qu'il est alors limité.

En conséquence, cet Ouvrage sera divisé en deux parties.

La première traitera du genre fini, la deuxième du genre heurté.

L'une

L'une applicable aux cartes levées dans le plus grand détail et géométriquement.

L'autre aux cartes figurées à la guerre, lorsque le tems et les circonstances ne permettent pas de faire autrement.

Le tout sera précédé d'un précis des principes fondamentaux de perspective aérienne, et de clair-obscur, extrait en partie du Traité de Saint-Morien, auteur recommandable, qui n'est pas assez connu.

PERSPECTIVE AÉRIENNE.

IDÉES GÉNÉRALES.

1. La perspective aérienne est composée de la perspective de clair-obscur, et de la perspective chromatique ou des couleurs.

La perspective aérienne doit être considérée comme un tout, dont les deux principales parties sont, la perspective de clair-obscur et la perspective des couleurs, lesquelles réunies sur la nature, se nomment ensemble perspective aérienne; et réunies dans nos imitations, s'appellent communément coloris (1).

2. La perspective aérienne est donc un tout composé de parties.

Mais un tout vague et aussi indeterminé que son principe, qui est l'atmosphère terrestre, dont l'air est tantôt sec et tantôt humide : par conséquent, plus ou moins élastique, et plus ou moins flexible.

______

(1) D'où il résulte une distinction entre la perspective naturelle et la perspective imitée.

3. Le clair-obscur des objets consiste dans la gradation et la dégradation de leurs jours et de leurs ombres, en raison des différentes densités ou opacités de l'air, et en raison de ses différentes masses entre elles et les premiers objets aisément visibles.

PREMIER PRINCIPE DE L'IMITATION.

Les Formes et Contours.

4. On distingue, en général, deux espèces d'aspects ou de perspective (1) : les uns naturels, les autres imités.

Chaque aspect différent se divise en trois branches, parce que les objets présentent toujours à la vue trois principes de construction naturelle ou factice, qui servent de fondemens aux principes généraux de leur imitation.

Ces trois fondemens naturels de l'imitation sont :

1°. La perspective naturelle des formes.

2°. La perspective naturelle des jours et des ombres.

3°. La perspective naturelle des couleurs locales.

______

(1) Ces deux mots, considérés comme synonymes.

5. La perspective des formes, ou linéaire, tient le premier rang, parce que la forme en général est la base de la conformation de chaque objet, et par conséquent aussi la base de toutes les autres branches de perspective.

6. Mais l'angle optique est la première base fondamentale du dessin; d'où il résulte:

Que l'angle optique est la base du premier, du second et du troisième fondemens de l'imitation, et que les effets optiques de l'une ou l'autre branche de perspective ne peuvent varier, sans que ceux des autres ne varient en même proportion.

De là, il faut conclure que l'optique est en quelque sorte la racine de toutes les branches d'imitations visuelles.

7. La science de l'optique se divise en trois branches; savoir :

Optique, catoptrique et dioptrique.

L'optique, proprement dite, enseigne particulièrement de quelle manière se fait la vision; pourquoi les objets paraissent distincts ou confus, plus grands ou plus petits, plus proches ou plus éloignés qu'ils ne le sont, etc.

Les deux autres parties de l'optique sont relatives aux deux autres parties de la perspective aérienne.

La Dioptrique fait connaître la différente densité des milieux, et par conséquent les différentes densités de l'air : ce qui conduit à la connaissance des différentes gradations et dégradations des jours et des ombres.

Et la Catoptrique enseigne comment les objets nous sont rendus visibles par la réflexion des rayons de lumière vers nous.

SECOND PRINCIPE DE L'IMITATION.

Le Clair-Obscur.

8. Le clair-obscur est l'effet plus ou moins sensible de la réflexion des rayons de lumière.

Les corps les plus propres à réfléchir la lumière, sont les corps polis, et qui sont élastiques.

Lorsque la lumière, extrêmement élastique, vient frapper un corps élastique, elle se réfléchit.

Et de quelque manière qu'un rayon de lumière primitive tombe obliquement sur une surface, son angle de réflexion est toujours égal à son angle d'incidence (1).

La réflexion provient de ce que les mo-

______

(1) C'est une règle physique de clair-obscur.

lécules élastiques des deux corps, sont en même tems roides et flexibles.

9. La plus ou moins forte réflexion de la lumière, est produite par le plus ou le moins de poli des surfaces sur lesquelles elle tombe.

Une glace non polie réfléchit infiniment moins de rayons de lumière que celle qui est polie.

Si par le vent, la surface unie d'une eau dormante vient à être agitée, aussi-tôt il s'y forme une infinité de monticules, qui la rendent, en quelque sorte, semblable à la glace non polie ; ces monticules ne peuvent être éclairés que du côté qu'ils reçoivent la lumière, pendant que de l'autre ils restent dans l'ombre ; et cette infinité de petites ombres obscurcit tellement la surface de l'eau, qu'elle n'est plus comparable à elle-même, avant son agitation.

Cette expérience est applicable à toutes les surfaces ; un drap de même couleur qu'un autre, sera plus éclatant de lumière s'il est beaucoup plus uni, parce qu'ayant moins de monticules, où les monticules étant plus applatis, ils réfléchiront beaucoup plus de rayons à-la-fois.

TROISIÈME PRINCIPE DE L'IMITATION.

Couleurs locales.

10. Pour connaître la plus ou moins forte réflexion des couleurs locales , il faut connaître auparavant les différens degrés de réfrangibilité des couleurs primitives.

On sait qu'à l'aide du prisme , un rayon du soleil, réfracté au fond d'une chambre noire sur un carton blanc, produit une image de sept couleurs, rangées toujours en cet ordre :

Rouge, Orange, Jaune, Vert , Bleu , Indigo, Violet.
1. 2. 3. 4. 5. 6 7.

Le rouge le plus près du rayon solaire direct, et le violet le plus éloigné ; et dans l'ordre des cinq couleurs intermédiaires , le verd au centre.

Le rouge est le moins réfrangible , le violet son opposé l'est plus qu'aucun autre ; et chaque couleur intermédiaire a un degré de réfrangibilité relatif à la place qu'elle occcupe dans l'ordre général.

D'où on a conclu que la variété des couleurs dépend de la tissure des corps , qui reçoit et brise les rayons du soleil.

11. Mais quoique la lumière soit le prin-

cipe des couleurs, et qu'un rayon du soleil réunisse en lui le principe apparent des couleurs primitives, il n'en produit aucune des sept, lorsqu'il est direct et non réfracté, mais seulement le blanc, mère des autres ; son opposé est le noir, et quoique rien ne l'annonce dans les sept couleurs primitives, on admet le blanc et le noir comme deux autres couleurs, lesquelles complettent le nombre de neuf, et peuvent être rangées dans l'ordre qui suit.

Blanc, Rouge, Orange, Jaune, Vert, Bleu, Indigo, Violet, Noir.
1.   2.   3.   4.   5.   6.   7.   8.   9.

Le noir est une couleur absorbante, et assez ennemie de la lumière, pour préparer à ses rayons autant de sépulcres qu'il lui est possible ; d'où il résulte que :

12. Suivant les différentes modifications des corps, ils nous paraissent plus ou moins obscurs.

Les objets réfléchissent plus ou moins de rayons de lumière à-la-fois, parce qu'ils sont plus ou moins favorablement disposés à supporter tels ou tels rayons sans les affaiblir, ou les absorber en entier.

13. Il n'existe réellement aucun corps noir dans l'ordre commun.

Les objets que nous appelons noirs ne le sont que relativement aux autres couleurs , parce qu'au lieu de réfléchir purement et sans altération les rayons de la lumière, ils absorbent en entier les uns, d'autres plus ou moins, et ne réfléchissent , en général, qu'un mélange confus de rayons divers.

14. Mais s'il existe un vrai noir, rien n'est plus propre à en donner l'idée, qu'un trou de rocher qui répond à quelque profonde caverne privée de toute lumière d'ailleurs ; parce que le vide qu'elle présente absorbe toute espèce de rayons de lumière, pour n'en réfléchir aucuns; d'où il résulte que :

Les objets que nous appelons noirs, ne sont que des corps plus ou moins obscurs, mais visibles, parce qu'ils réfléchissent plus ou moins de rayons de la lumière.

15. On a vu qu'entre tous les rayons du soleil, celui qui fait paraître le rouge est le moins réfrangible, c'est-à-dire plus constant à conserver la plus prochaine place du rayon solaire non réfracté ou direct; d'où on conclut que son union avec le tout, est plus forte que celle d'aucun autre rayon, et qu'en raison de cette plus forte union avec le tout ou le blanc, la couleur rouge

doit plus abondamment et plus vigoureusement se réfléchir vers nous, que toutes les autres couleurs dont les rayons sont plus réfrangibles.

16. Effectivement, aucune couleur prismatique n'est apperçue d'aussi loin que la rouge, et avec autant d'éclat et de sûreté.

Ainsi, suivant l'ordre de la réfraction, le rouge est donc plus éclatant de lumière que l'orange, celui-ci plus éclatant que le jaune, etc.

D'où il résulte que dans la nature et ses imitations, la figure entre les autres, qui sera drapée de couleur rouge paraîtra la plus saillante, au-devant de leur fond, plus près de l'œil et plus brillante.

De la Chromatique.

17. On entend par chromatique, la dégradation et l'accord des couleurs locales, qui s'opère par les mêmes principes que ceux de clair-obscur, lequel réunit en lui l'accord aërien des jours et des ombres d'un ou de plusieurs objets.

DE L'AIR.

De la Lumière Primitive, et de la Lumière Réfléchie.

18. L'air est un fluide composé de particules extrêmement élastiques et flexibles, qui servent à propager la lumière ; et par rapport aux rayons de lumières qui les traversent, on appelle l'air un milieu.

Ce milieu, ou l'air, se trouve plus ou moins obscurci, suivant qu'il est plus ou moins chargé des exhalaisons, ou vapeurs qui s'élèvent de la terre.

19. L'air est tantôt humide, tantôt sec, et par conséquent plus ou moins élastique, d'où résultent les plus puissans agens des variétés aériennes, de clair obscur et de chromatique.

De la Lumière Primitive.

20. La lumière composée de particules de matières infiniment déliées et presque infiniment petites, envoyées par les corps lumineux, se meut en ligne droite, avec une vîtesse incompréhensible, et elle traverse les pores du verre, quoique ce corps soit impénétrable à l'air que nous respirons.

La lumière plus élastique que l'air, et par conséquent plus réflexible, en nous rendant les objets visibles, est la principale cause des effets du clair-obscur.

21. On distingue les lumières, en lumières primitives directes, et en lumières indirectes ou réfléchies.

Les lumières primitives sont de deux espèces, les célestes et les terrestres.

Les célestes sont le soleil, et la lumière vague de l'atmosphère appelée jour, celle de la lune, des étoiles, etc.

Les terrestres sont tous les feux en général, un flambeau, une lampe, etc.

22. Les rayons de lumière astrale sont considérés comme parallèles entre eux, à cause de la distance extrême qui se trouve entre ces corps lumineux et la terre, et à cause de leur volume immense, comparé à la petite étendue des objets visibles à-la-fois d'un seul point.

On ne suppose aucune altération sensible dans la longueur de ses rayons incidens, quelque chemin qu'ils parcourent pour venir éclairer les objets, à cause de l'extrême vîtesse de ce corps lumineux, et parce que les lointains de toute espèce d'étendue visibles, sont en nature aussi vivement éclairés que les objets qui nous environnent.

Cependant l'apparence est contraire, à cause des principes de dégradation, et d'obscurcissement dont on a parlé.

23. Les lumières terrestres sont considérées différemment, ainsi que les effets de clair-obscur qu'elles produisent, quoique communes sous quelques rapports.

24. Leurs rayons sont toujours très-sensiblement divergens entre eux, parce que le corps lumineux qu'ils ont pour centre est toujours très-petit, comparé à la masse des objets qu'il éclaire.

De la Lumière Réfléchie.

25. Tout corps éclairé d'une lumière quelconque renvoie ou réfléchit les rayons de lumière qu'il reçoit au moins en partie, suivant les différentes modifications du corps éclairé, plus ou moins absorbantes, ou plus ou moins réfléchissantes.

26. Un objet plus éloigné de l'œil qu'un autre, paraîtra moins lumineux, à cause du chemin plus considérable que les rayons réfléchis auront à parcourir dans l'air, et que

cette ~~masse~~ d'air plus ou moins diaphane ~~sera plus~~ difficile à vaincre.

27. La partie éclairée d'un objet quelconque réfléchit en même tems vers l'œil et vers tout ce qui l'environne ; un autre objet privé de lumière primitive, et voisin du premier, peut en être éclairé ; en sorte que la lumière primitive est une fois réfléchie par le premier objet sur le corps obscur, et par le corps obscur une seconde fois vers nous, pour nous apporter l'image de ses reflets.

28. Plus un objet se trouve près d'un autre éclairé primitivement, plus son obscurité se trouve diminuée, parce que les rayons réfléchis primitivement ayant moins d'espace à parcourir pour atteindre le corps obscur, se trouvent moins altérés, et conservent plus de force pour se réfléchir une seconde fois.

Mais on s'appercevra de leur altération et de leur obscurcissement, à mesure qu'ils s'éloigneront du corps éclairé.

DE LA DÉGRADATION AÉRIENNE EN GÉNÉRAL,
ou du Clair-obscur.

29. On substituera au mot lumière, celui de jour, pour désigner le clair des objets.

Et leurs parties obscures ou leurs ombres, s'appelleront jours obscurs, pour éviter, d'une part, de confondre les parties éclairées des objets, avec les corps lumineux qui les éclairent, et de l'autre, les parties claires avec les parties obscures qui ont les mêmes principes d'existence.

3o. Si l'angle optique est plus particulièrement le premier agent de la dégradation des plans, l'air est particulièrement le premier agent de la dégradation aérienne; et il existe entre ces deux agens, un si bon accord, qu'ayant une fois choisi telle ou telle température séche ou humide (pour fixer un genre de clair-obscur), leurs opérations réciproques ne font jamais qu'un tout indivisible, en sorte que l'une ne peut sans l'autre avancer d'un pas, ou rétrograder.

La dégradation des plans, marque à chaque profondeur vers l'horizon, la diminution optique des objets et leur forme.

La dégradation de clair-obscur, aux mêmes

profondeurs, marque la diminution optique de leurs jours et de leurs ombres.

51. Par-tout on doit appercevoir la présence de l'air, soit en nature, soit dans ses imitations, et les plus fortes ombres doivent participer plus ou moins de sa qualité lumineuse.

52. D'où il résulte que l'ombre d'un corps n'est jamais absolument noir.

Entre le blanc et le noir, il est un médium aérien, composé de blanc et de noir, pour établir une teinte obcure d'un blanc noir, ou d'un noir blanc, c'est-à-dire claire et obscure tout ensemble.

Si les jours, comme les ombres, vus séparément, sont plus ou moins composés de clair et d'obscur, suivant qu'ils sont plus ou moins dégradés, et si la dégradation des jours, ou celle des jours indirects, par celle des jours directs, est démontrée, il en résulte la conséquence suivante ;

53. C'est ignorer les qualités et les propriétés de l'air, que de peindre blanc ou noir, puisque le vrai blanc, ou le blanc pur, ne se trouve que dans la lumière, et le vrai noir au fond des Cavernes.

Cependant, d'après les principes reconnus

de

de l'altération des rayons réfléchis, il semble
s'ensuivre , que plus un objet est éloigné
de l'œil , plus il paraît obscur, jusqu'à ce
qu'enfin la lumière réfléchie, absolument alté-
rée, ne puisse plus atteindre jusqu'à nous, et
que les objets obscurcis de plus en plus vers
l'horizon, ne nous réfléchissant aucune lumière, doivent nous paraître absolument noirs.

34. Mais cette obscurité totale ne peut
avoir lieu sous les rayons du soleil, à cause
de la qualité lumineuse de l'air; car les
ombres plus ou moins visibles, et paraissant
plus ou moins éclairées, sont autant de jours
indirects, réfléchissant plus ou moins la lumière
qu'ils reçoivent; c'est pourquoi on appelle les
ombres, jours obscurs, ou jours indirects.

35. Cependant, si les jours indirects ne
paraissent pas s'obscurcir, comme les jours
directs jusqu'à l'horizon, ils s'affaiblissent
réellement, à commencer du point de station du spectateur, jusqu'à un certain point
d'enfoncement sur la nature; et au-delà de
ce point d'enfoncement, ils s'éclaircissent de
plus en plus jusqu'à l'horizon, au moyen de la
qualité lumineuse de l'air; et il est constant:

36. Que la dégradation des jours directs
est uniforme, depuis le premier plan jusqu'à
l'horizon.

Que les ombres ou les jours indirects ne suivent cette dégradation uniforme des jours directs, et ne s'obscurcissent de même que jusqu'à une certaine profondeur.

Qu'au-delà de cette profondeur, les ombres ou les jours indirects s'éclaircissent uniformément, jusqu'à paraître de demi-teinte à l'horizon, comme les jours directs. De sorte que les uns et les autres paraissent se confondre sous une couleur atmosphérique, céleste et azurée, à cause de l'interposition d'une masse d'air considérable.

37. Que le point où les ombres cessent de s'obscurcir, est le point dominant des ombres, et qu'il partage en deux parties distinctes les effets de clair-obscur; savoir, la partie postérieure au ton dominant des ombres, et la partie antérieure.

Du Clair-obscur postérieur au ton dominant des Ombres.

38. Le point d'enfoncement où commence la dégradation des ombres, dépend de l'atmosphère terrestre appelé milieu, ou l'air.

L'air élastique propage la lumière; lumineux, il éclaire les ombres; vaporeux, il obscurcit les jours et les ombres; tantôt sec, tantôt humide, il est plus ou moins élastique, lumineux et transparent ; ou plus ou moins vaporeux.

59. Conséquemment, le point d'enfoncement où se trouve le ton dominant des ombres, doit paraître tantôt plus, tantôt moins enfoncé vers l'horizon, en raison des qualités plus ou moins lumineuses ou vaporeuses de l'air.

Du Clair-obscur antérieur au ton dominant des Ombres.

40. Il consiste dans la dégradation et dans la gradation des ombres, puisque les jours s'affaiblissent en s'approchant de l'horizon, tandis que les ombres augmentent de force, en s'approchant du point d'enfoncement où elles doivent dominer.

41. La nature ne fait jamais voir au premier plan, les plus grands blancs et les plus grands noirs, étant deux contraires.

Mais elle y fait voir les plus grands jours et les plus grands reflets.

Les jours du premier plan paraissent toujours les plus éclatans de lumière, parce que la masse d'air entr'eux et l'œil est si médiocre, et le chemin des rayons réfléchis si court, qu'ils n'éprouvent qu'une altération insensible pour nous apporter l'image des grands jours.

En même tems, ils réfléchissent de semblables rayons de lumière sur les ombres, en sorte que:

42. Les ombres du premier plan, fortement reflettées, comparées avec quelques jours dégradés, paraissent avec eux disputer de ton.

Le ton dominant des ombres ne peut donc jamais se trouver avec les plus grands clairs, encore moins le noir tout pur.

43. Les ombres du premier plan sont toujours extrêmement douces, vagues, claires et brillantes.

De l'enfoncement du ton dominant des Ombres.

44. Le ton dominant des ombres se fait plus aisément appercevoir dans un sujet extérieur et de grande étendue, que dans les intérieurs.

C'est donc extérieurement qu'il faut étudier la perspective aérienne, pour en appliquer sûrement les principes aux sujets intérieurs.

Dans un air sec, pur et lumineux, le ton

dominant des ombres est fort éloigné, pendant que dans un air humide, épais et sombre, il se trouve très-près.

43. On a observé que dans un air sec, il paraît à plus de six cent cinquante décimètres du spectateur, ou deux cents pieds.

Tandis que dans un air humide, il paraît au plus à soixante-cinq décimètres ou à vingt pieds.

Situation dans le tableau du ton dominant des Ombres.

46. La ligne de terre doit être placée sur la nature, précisément au plan du premier objet aisément visible.

47. Pour qu'un objet soit aisément visible et au premier coup-d'œil, il faut que le spectateur se trouve à une distance optique, proportionnée à l'étendue du terrain que la construction de l'œil permet de voir distinctement, eu égard à l'éloignement qu'on se propose de mettre entre soi et le tableau.

Si cette distance optique (pl. Ire, fig. 1re.) est sur la nature à-peu-près égale à l'enfoncement du ton dominant des ombres, l'objet aisément visible et la base du tableau, se trouveront aussi à-peu-près au ton dominant des ombres.

47. Alors il en résulterait la réunion du blanc et du noir, ou des plus grands jours, et des plus fortes ombres, au premier plan, sans aucune puissance de réflexion ; ce qui serait contraire à tout systême de perspective aérienne, quelles que soient les objections des amateurs de blanc et de noir au premier plan du tableau, etc.

48. Au contraire (pl. Iere, fig. 2), la réflexion toujours extrêmement puissante au premier plan, repousse constamment le ton dominant des ombres ; de manière que le blanc et le noir qui se trouvent au même plan (pl. Iere, fig. 1ere.), ne se trouvent plus ensemble (pl. 1ere, fig. 2) :

Puisque les plus éclatantes lumières, n'y ont pour opposition que des ombres claires et vigoureusement reflettées :

Puisque les plus grands bruns ne s'y trouvent point opposés aux plus grands clairs :

Puisqu'enfin le ton dominant des ombres, n'y a pour opposition que des clairs déjà dégradés ou quelque peu affaiblis.

Cet affaiblissement presque insensible des clairs, n'empêche pas qu'on ne les exprime aussi vigoureusement que les matières colorantes peuvent le permettre, observant ce-pendant la dégradation qui doit exister, à compter du premier plan, et que les plus grands clairs et les plus grands bruns d'imitation ne sont ni le blanc, ni le noir tout purs.

49. Enfin, pour déterminer dans les tableaux ce point d'enfoncement du ton dominant des ombres, et placer sur son plan l'objet principal (si on le juge à propos), .on le fixera au second plan.

Mais pour donner à ce second plan une proportion relative à l'angle et à la distance optique, on lui donnera, d'enfoncement perspectif, à compter de la base, la moitié de cette base, ou à-peu-près (1).

50. Au surplus, le plus ou le moins de distance de la base du tableau au ton dominant des ombres, est réservé au jugement

---

(1) Par les opérations ordinaires de perspective linéaire, à compter du pied du spectateur, les divisions que l'on fera vers l'horizon, seront autant de coupes de rayons visuels, lesquelles donneront :

1°. La base du tableau, ou l'objet aisément visible, pour le premier plan.

2°. Le ton dominant des ombres, pour le second, etc.

et à l'intelligence de l'artiste, instruit des vrais principes de la nature.

Mais il doit supposer cette distance beaucoup plus éloignée, pour un sujet extérieur, que pour un sujet intérieur, après avoir reconnu, dans ces deux cas, la distance optique convenable à l'objet aisément visible.

51. L'objet principal, placé précisément à l'enfoncement perspectif du ton dominant des ombres, ayant ses propres ombres plus fortes que celles de tous les autres objets accessoires, le fera paraître par une plus grande opposition, plus éclatant de lumière, et plus vigoureusement ombré qu'aucun autre: ce qui lui fera produire un plus grand effet de clair-obscur, et le fera dominer sur tout ce qui pourrait l'environner.

On n'obtiendra point le même avantage, soit que l'objet principal se trouve placé postérieurement au ton dominant des ombres, où ses jours et ses ombres, plus dégradés, approcheraient beaucoup de la monotonie; soit qu'il se trouve placé antérieurement au ton dominant des ombres, où, d'une part, les jours très-piquans, et de l'autre, les ombres très-vigoureusement reflettées, ne présenteraient pas une opposition proportionnée à l'éclat des lumières aux premiers plans.

C'est pourquoi le groupe principal, placé au ton dominant des ombres, sera plus facilement, plus promptement apperçu qu'aucun autre, et paraîtra situé dans un plus grand espace.

Indication de ceux des principes aériens applicables à la manière d'exprimer le Paysage-plan.

52. On distingue deux manières de représenter les objets, ou géométralement, ou perspectivement.

Avec la première, on a la proportion réelle des choses; avec la seconde, on a leur apparence.

Cette apparence est l'imitation de la nature, telle qu'on la voit dans ses détails, ses formes et ses effets; on l'imite d'autant mieux, que l'on sait étudier, comparer et juger ce que l'on a sous les yeux.

53. Il faut donc voir les choses pour les imiter avec succès.

54. Dans la représentation du paysage-plan, on est privé de cet avantage; on a bien cherché à y suppléer, et l'on a cru y réussir, en supposant le spectateur placé successivement à un point fort élevé, et perpendiculairement

au-dessus de chaque objet, pour qu'il pût, dit-on, appercevoir toutes les parties qui le composent; mais cette supposition manque son but, sous deux rapports; car, d'une part, on ne peut ainsi voir l'ensemble des choses; d'une autre part, on ne pourrait les appercevoir en aucune manière, parce que :

1°. La portée de la vue est trop bornée, relativement à l'étendue de terrain que les cartes topographiques embrassent ordinairement.

2°. Parce que plus le spectateur sera supposé élevé au-dessus du plan, pour en voir mieux l'ensemble et les effets, moins sa vue sera en état et à portée d'appercevoir et de juger des effets qu'il ne pourra au plus que soupçonner confusément.

54. De la supposition faussement admise jusqu'à ce jour, il est résulté une manière d'exprimer les objets en plan très-arbitraire, et d'un idéal entièrement dénué des principes d'imitation.

Cherchons, en conséquence, les moyens de rendre ces principes applicables à l'objet qui nous occupe, et pour cela, faisons des suppositions qui se rapprochent le plus possible de la vérité.

55. J'observerai en passant, que si j'emploie le mot de supposition, c'est qu'on ne parviendra jamais, il faut en convenir, à imiter réellement le paysage-plan d'après nature, mais à l'exprimer d'imagination seulement (1).

56. Examinons d'abord si le premier des principes de l'imitation, et qui sert de base à tous les autres, n°. 6, ne nous donnera pas ce que nous cherchons.

Le premier principe est l'angle optique; l'angle optique donne la distance optique (2); la distance optique fixe la gradation et la dégradation des jours, des ombres de clair-obscur, et de chromatique tout ensemble.

57. Faisons l'application de ces diverses données, et pour cet effet, supposons le terrain modelé et en relief, sur son plan géométral, aussi exactement levé que modelé (5); supposons encore ce relief réduit à une pro-

---

(1) Raison de plus pour inviter les dessinateurs dans ce genre, à prendre les connaissances indiquées par nos réflexions préliminaires.

(2) *Voyez* notre *Traité pratique de Perspective linéaire.*

(3) Cela n'est point impossible : on pourrait en citer des exemples.

portion qui permette au spectateur d'en embrasser la base d'un seul coup-d'œil, afin d'avoir ce qu'on appelle la ligne de terre, ou la base du tableau.

Cette supposition admise, il est évident que l'étendue de la base, pour être embrassée d'un seul coup-d'œil, par le spectateur, le place nécessairement à la distance convenable pour cela ; or cette distance détermine l'angle optique, qui est celui sous lequel le spectateur placé à cette distance, peut embrasser d'un seul coup-d'œil, ladite base.

58. On aura donc l'angle et la distance optique, au moyen desquels le spectateur découvre la scène à représenter.

Conséquemment, la supposition que nous avons faite est la seule admissible, puisqu'en obtient avec elle l'angle et la distance optique, premières bases des principes de l'imitation, n°. 4, principes sur lesquels sont établis ceux de la perspective naturelle des formes, des jours, des ombres, et des couleurs locales.

59. Le mot perspective, qui suppose gradation ou dégradation, ne doit pas être pris ici à la lettre, parce qu'il ne peut être considéré comme moyen de dégradation, dans des opérations qui ne le permettent pas linéairement ; mais il doit être considéré :

1°. Comme moyen de donner aux objets l'ensemble et les formes naturelles, suivant qu'ils se présentent à la vue du spectateur.

2°. Comme moyen d'arriver par gradation à des résultats harmonieux de clair-obscur et de chromatique.

60. En effet, le terrain étant réduit, comme nous l'avons dit, dans une proportion convenable, bien modelé, et placé sous les yeux du spectateur artiste, le spectateur y verra les formes naturelles des objets, les effets des jours, des reflets et des ombres, aussi harmoniés que sur la nature en grand.

La dégradation du clair-obscur s'y faisant sentir, à raison de la distance du spectateur aux objets, et à raison de la masse d'air interposée entre eux et lui, n'aura rien qui puisse empêcher qu'on ne distingue nettement les détails les plus reculés de la base du plan la plus rapprochée de l'œil. N°s. 25, 26, 27, 28.

Enfin cette dégradation se fera d'une manière insensible, et propre aussi à laisser toujours dominer ce ton de fraîcheur, de couleur propre au genre de la carte en général, quoique subordonnément à une dégradation aérienne.

61. La raison de cette dégradation, pres-

qu'insensible, est facile à sentir ; au moyen de la réduction en relief supposée, l'œil plane sur une étendue qui ne surpasse pas sa portée, et où il distingue nettement les objets qu'elle contient ; mais pour distinguer nettement, l'étendue de la vue est bientôt bornée, alors il en résulte que la masse d'air entre l'œil et le point où il cesse de distinguer nettement, étant peu considérable, la dégradation qu'elle produit est douce et presqu'insensible.

62. L'angle et la distance optique étant connus, il sera facile de déterminer le point d'enfoncement du ton dominant des ombres.

Ce point fixé, facilitera beaucoup l'accord aérien, si on se rappelle avec attention la puissance de la réflexion des rayons de lumière, n°⁵. 34, 35, 36, 57, et en général, les principes fondamentaux d'imitation, dont on a donné un précis suffisant.

63. J'ai dit, n°. 61, qu'au moyen de la réduction dont il a été mention, l'œil plane sur toute l'étendue du terrain à représenter : ce qui suppose qu'il est placé à une élévation proportionnée à cette étendue, et en outre, de telle sorte, qu'il embrasse en entier sa base, n°. 57.

64. Il en résulte qu'il ne peut pas être placé au - dessus du plan, comme le prescrit l'an-

cienne convention, n°. 53; mais qu'il doit
être placé hors de ce plan, à la distance que
lui assigne l'angle sous lequel il peut voir le
tout ensemble.

L'œil ainsi placé, voit tout ce qu'il est naturellement possible de rendre de la position
où il est; mais aussi il ne peut rendre compte
de ce qu'il ne voit et ne peut pas voir. Voilà
de ces choses que l'on ne devrait pas supposer,
et encore moins exiger.

C'est cependant ce que faisait l'ancienne
convention; en admettant l'œil placé perpendiculairement sur chaque objet, pour ne voir
et ne le représenter que géométralement, elle
entend prescrire toute la rigueur du géométral, et proscrire entièrement tout ce qui est
élévation. Eh bien, contradictoirement à ses
préceptes, elle tolère et admet des arbres,
des rochers, et autres objets en élévation, soit
qu'il y ait possibilité ou non de les voir de
cette manière.

On se demande pourquoi ces contradictions
entre la convention et l'exécution, pourquoi
l'une suppose le géométral, tandis que l'autre
y déroge, en créant même l'impossible?

Il est aisé de sentir que l'une et l'autre sont
vicieuses, et que lorsque l'on est réduit à faire
des suppositions pour arriver à un but quel-

conque, il faut les faire les plus conformes possibles à la réalité.

Les nouvelles suppositions que nous avons faites, ont-elles les conditions dont nous venons de parler? Ce n'est pas à nous à prononcer; ce qu'on aura pu remarquer, c'est que par nos suppositions, on peut expliquer, comme justifiée en partie, l'existence des objets en élévation sur les cartes, lorsqu'ils se présentent ainsi naturellement au spectateur.

65. On verra aussi, par les planches d'exemples jointes à cet Ouvrage, que les élévations, du sens opposé à l'œil du spectateur, ne seront exprimées que d'une manière à faire sentir qu'elles existent là ou là.

66. Une objection qu'on pourrait faire, c'est que par cette nouvelle supposition, le terrain sera vu en perspective : cela est vrai. Mais il n'est pas question de l'exprimer de cette manière, et tel qu'on le verrait du point d'élévation où le spectateur est supposé placé. Il n'est question que de le mettre à même d'exprimer, avec connaissance de cause, l'effet général des jours et des ombres, des parties d'escarpemens qui peuvent être vues, de leurs formes, de celles des éboulemens sur les différens plans inclinés,

inclinés, etc.; et enfin de monter son imagination (N°s. 55 et 53.), de telle sorte que sans altérer le géométral, il parvienne à exprimer le paysage-plan de la manière la plus conforme à la nature et aux principes de son imitation.

Résumé.

Pl. I^erc. On suppose, n°. 57, le terrain à représenter réduit à une proportion qui permette au spectateur d'embrasser, d'un seul coup-d'œil, le bas de la carte (ce côté de la carte est celui qui détermine le sens dans lequel elle sera vue) (1) ; ce qui produit.:

Fig. 3.
- 1°. L'angle optique AOB.
- 2°. La distance optique OC du spectateur au tableau.
- 5°. La ligne de terre AB ou la base du tableau.

On a dit aussi, n°. 63, qu'au moyen de la réduction supposée, l'œil plane sur toute l'étendue du terrain à représenter : ce qui le suppose à une élévation proportionnée à cette étendue, et n°. 64, qu'il devait être placé hors du plan, à la distance que lui

____

(1) Réflexions préliminaires.

assigne l'angle sous lequel il peut voir le tout ensemble. La fig. 4 fait voir cette disposition (1).

La fig. 5 mettra à même de comparer l'ancienne supposition avec la nouvelle ; on y verra clairement que l'œil étant placé perpendiculairement sur chaque objet, ne peut voir d'aucuns côtés les élévations AB, CD (n° 53); et par conséquent, les cartes qui les expriment sont en contradiction avec cette supposition.

On pousse même l'inconséquence jusqu'à les faire voir de tous les côtés, comme si ces escarpemens, empiétant sur le terrain voisin, quittaient un moment leur à-plomb pour se faire voir.

La fig. 4 fera voir les parties de ces mêmes escarpemens A B, vus naturellement par la nouvelle supposition, et les parties CD, qui ne peuvent l'être, mais, (n°. 65) que l'on peut faire sentir.

Une autre inconséquence de l'ancienne supposition, est que les rayons visuels se portent toujours en avant, et non en arrière ;

---

(1) Cette figure et celles 5 et 6, doivent faire imaginer le géométral A B D, fig. 3 , vu horizontalement dans le sens d'une coupe CD.

de sorte que, fig. 6, si on suppose le spectateur tourné de manière que son œil se présente de profil, les rayons visuels qui en partiront, se porteront en avant sur la partie FG, à compter de la perpendiculaire EF, et non sur la partie HF, à moins qu'il ne prenne une position contraire; alors il ne verra donc point l'ensemble général, et chaque partie même ne sera vue tout au plus qu'à moitié.

On supposera peut-être cet œil renversé, pour ne le considérer ensuite que comme un point mathématique; mais cela ne rétablira pas l'accord entre la supposition et la représentation.

Mécanisme.

(Pl. Iere, fig. 4.) On prendra au moins pour la hauteur OO du sectateur, $\frac{3}{4}$ de l'étendue de la base AB, fig. 5; cette hauteur doit être portée sur l'extrémité O, de la ligne OE, qui représente l'œil et la distance optique, où il est censé avoir le pied.

On déterminera le point d'enfoncement du ton dominant des ombres, à $\frac{1}{3}$ de la hauteur totale du plan, fig. 3, comme l'indique la ligne EF.

67. Cette disposition, qu'il ne faut qu'ima-

giner, n°. 66, et qui sera plus ou moins exacte à cette indication, suivant les divers formats des cartes, pourra être vérifiée, si on le juge à propos, au moyen de la hauteur et de la distance optique, par une opération de perspective linéaire.

On ne pense pas que cela soit nécessaire, n°. 50 ; le point d'enfoncement du ton dominant des ombres considéré comme second plan aérien, fera imaginer la suite des autres, jusqu'à la hauteur du plan, ou bien jusqu'à l'horison ; car cette hauteur du plan (1) est ici considérée comme le terme de l'étendue de la vue du spectateur.

68. Ce qui, en dernière analyse, se réduit,

1°. A bien exprimer, par le dessin, le modelé, ou le relief du terrain, sans s'écarter du géométral, tant dans ses détails que dans son ensemble, en raison de la place où le spectateur est censé placé.

2°. A observer que vers le tiers de l'enfoncement dans le plan, les ombres soient les plus fortes.

5°. Qu'à compter du point où les ombres sont établies les plus fortes, elles doivent diminuer peu à-peu jusqu'à l'horison, et qu'elles doi-

---

(1) Le côté opposé à la base.

vent devenir d'autant moins obscures, qu'elles s'approchent le plus de la base, parce que les objets y étant près des grandes lumières, y sont plus vivement reflettés.

4º. A observer aussi un peu de dégradation dans les tons locaux, à compter du plan le plus rapproché de l'œil, qui est la base du plan.

5°. Enfin, à se souvenir que sur le devant du plan ou du tableau, il ne doit point exister de noir, si ce n'est pour exprimer des trous, ou des cavités profondes, etc.

PREMIÈRE PARTIE.

CHAPITRE Ier.

Des Couleurs propres au Lavis des Plans et des Cartes.

ARTICLE Ier.

LES couleurs propres au lavis, du genre de Cartes dont il est question dans cet Ouvrage, sont, en général, toutes celles qu'on appelle transparentes; il faut en excepter le vert-d'eau, comme une couleur ennemie de toute harmonie, par sa crudité, et qui perd son premier ton en très-peu de tems, au point de ne laisser à sa place qu'une tache d'un jaune sale, qui défigure une carte, de manière à la rendre méconnaissable.

On ne voit pas trop non plus, de quelle utilité peuvent être les verts dits de vessie et d'iris; si tous les auteurs qui ont traité du lavis des plans, les mettent en ligne de compte, c'est sans doute pour éviter des mélanges qui exigent quelques connaissances de l'emploi des couleurs. Cependant ces connaissances s'acquièrent en très-peu de tems, et l'on se procure, avec un petit nombre de couleurs plus ou moins combinées ou mélangées, toutes les nuances de tons, que présente la nature, et propres à rendre ses effets avec toute la fraîcheur, et l'harmonie desirable.

D'ailleurs, la multiplicité des couleurs est embarrassante pour un ingénieur, qui est obligé de voyager, ou qui est employé à l'armée.

Les moyens les plus simples étant toujours les meilleurs, c'est ici le lieu d'indiquer les couleurs qui, à cet avantage, réunissent celui d'être seules propres à toute espèce de lavis, paysage-plan, vues naturelles, etc.

Elles consistent dans l'encre de la Chine, le carmin, la gomme gutte, l'indigo et le bistre.

Il faut choisir ces couleurs de bonne qualité, bien broyées et bien préparées (1).

____

(1) Le cit. Antoine (Parvis Notre-Dame, à Paris), est celui qui entend le mieux cette préparation. On trouve chez lui des Assortimens de la meilleure qualité, préparés et gommés au degré convenable : il n'y a plus qu'à les employer.

Un plus grand détail sur cet article, et sur celui du choix des pinceaux (1), crayons, plumes, papiers, etc., serait d'autant plus superflu, que ceux qui voudront traiter le paysage-plan dans la manière qui fait le sujet de cet Ouvrage, ne seront sans doute pas des novices, et qu'ils seront au courant de toutes ces choses.

Il en est de même de quelques autres détails qu'il ne convient pas de présenter à un homme que je suppose déjà instruit.

ARTICLE II.

Préparation.

Lorsque l'on a un plan à copier, qu'il soit établi d'après des dimensions prises sur le terrain, ou à volonté, il est premièrement question d'en faire le trait exact, soit de même grandeur, soit plus grand, soit plus petit, suivant les différens formats demandés.

S'il doit être de même grandeur, on pourra le calquer à la vitre, dans le cas où il ne serait pas collé sur toile ou sur carton ; dans

____

(1) Les meilleurs pinceaux se trouvent chez la cit. Blesse, Parvis Notre-Dame, n°. 5.

le cas contraire, il faudra le calquer une première fois, sur du papier à la serpente; on peut aussi se servir de carreaux : cette méthode vaut bien l'autre.

Mais si on demande que le plan soit ou plus grand, ou plus petit, il faut alors, par des règles sûres, trouver une moyenne proportionnelle, qui vous donne exactement le rapport d'une superficie à une autre.

On va en donner les moyens, pour éviter aux personnes qui n'auraient pas assez de connaissances des élémens de géométrie, des difficultés et des erreurs considérables.

Les erreurs dans lesquelles elles peuvent tomber, sont de faire le dessin, ou plus grand ou plus petit, qu'elles ne veulent le faire.

Par exemple (Pl. Ire, fig. 7.), si elles se proposent de faire un plan qui ait la moitié en superficie, d'un autre plan, et qu'elles prennent la moitié de chacune de ses dimensions, comme le point *e* et le point *d*, moitié de *ab* et de *cb*, pour les côtés d'un nouveau quarré, il arrivera que le petit plan *bdie*, au lieu d'être la moitié en superficie du grand *abcf*, n'en sera que le quart; l'inspection seule de la figure le fait aisément sentir.

Si au contraire elles veulent doubler le côté

be, même (fig. 7) dans la vue de doubler la superficie *bdie*, il en résultera un nouveau quarré *abcf* quadruple du premier.

Si pour avoir le tiers de la superficie, elles prennent le tiers du côté, la nouvelle superficie ne sera que la neuvième partie du tout, et non le tiers.

Si elles font le nouveau côté triple du premier, la nouvelle superficie sera neuf fois aussi grande que la première, etc.

Voici donc de quelle manière il faut opérer.

Réduction du Grand au Petit.

Exemple premier.

Supposons que l'on veuille avoir le côté d'un quarré qui ne produise que moitié d'un autre quarré, dont A B soit le côté (fig. 8), on prolongera le côté A B par une de ses extrémités, d'une grandeur B C égale à sa moitié ; on divisera ensuite la ligne entière A C en deux parties égales ; du point milieu D comme centre, et de l'intervalle D C ou D A comme rayon, on décrira la demi-circonférence C E A ; du point B, extrémité de la ligne donnée, on élevera une perpendiculaire B E jusqu'à la circonférence ; cette

perpendiculaire sera la moyenne proportionnelle cherchée, ou le côté du quarré demandé,
et son produit sera moitié en superficie du
quarré dont AB est supposé le côté.

Pour entendre ceci, il suffit de rappeler ,
que pour avoir l'aire d'un quarré ou d'une
figure quelconque, il ne faut que multiplier
une dimension par l'autre, ou, ce qui est la
même chose, la hauteur par la largeur, et
que lorsque l'une et l'autre sont égales, comme
dans un quarré, il ne faut que multiplier un
côté par lui-même. Revenons aux exemples.

Second Exemple.

Si l'on veut avoir le côté d'un quarré, dont
la superficie ne soit que le tiers de celle d'un
autre quarré, qui aurait (fig. 9.) AB pour
côté, on prolongera ce côté d'une quantité
égale au tiers AB de B en E; ensuite du
milieu F de la ligne totale AE comme centre,
on décrira la demi-circonférence ECA , qui
coupera la perpendiculaire élevée du point B
au point C, et la ligne BC sera la moyenne
proportionnelle cherchée.

Mettre en grand un petit plan.

Premier Exemple.

Supposons que l'on veuille avoir le côté d'un quarré, dont la superficie soit double de celle d'un autre quarré donné (Fig. 10).

Soit AB le côté du quarré donné, on le prolongera indéfiniment; sur ce prolongement, on portera deux fois l'étendue AB de B en d; par le point F milieu de la ligne totale A d comme centre, on décrira la demi-circonférence dCA, qui coupera en C la perpendiculaire élevée du point B; la ligne BC sera la moyenne proportionnelle cherchée, et son produit sera double de celui de la ligne AB.

Second Exemple.

Si on demande le côté d'un quarré, dont la superficie soit triple de celle d'un autre quarré donné (Fig. 11), on portera sur le prolongement de AB, côté du quarré donné, trois fois la partie AB de B en E, et ensuite achevant l'opération comme pour les autres figures, on aura BC pour moyenne proportionnelle , et son produit sera triple de celui de la ligne AB.

Troisième Exemple.

Pour quadrupler , il ne s'agit que de doubler le côté donné (1).

Il faut encore connaître le moyen de mettre un dessin , de petit en grand , et de grand en petit , par l'échelle de réduction ; ce moyen , quoiqu'un peu long , est encore un des meilleurs et des plus justes : on va en donner une idée.

Premier Exemple.

(Fig. 12.) Si l'on veut réduire un plan de grand en petit : d'un point quelconque A, on tirera une ligne indéfinie, sur laquelle on portera de A en B un nombre quelconque de mètres ou toises, pris sur l'échelle du grand plan, puis du point A comme centre, et de l'intervalle AB ; on décrira l'arc indéterminé

---

(1) En opérant sur les diagonales des quarrés, on obtient les mêmes résultats ; mais la même méthode, applicable à tous les cas, nous a paru plus intelligible et d'une pratique plus facile.

BC, ensuite on portera sur cet arc de B en D, une quantité de mètres ou toises pris sur l'échelle du petit plan, pareille à celle que la ligne AB en contient de grand ; la section D qui en résultera, déterminera la ligne proportionnelle BD et l'angle de réduction ABD, lequel servira à trouver en même rapport les autres dimensions ou mesures du grand plan au petit ; par exemple :

Supposons que l'on veuille avoir la différence des lignes A 6 et A 8 du grand plan, avec les mêmes lignes correspondantes du petit plan, on les portera de A en 6 et de A en 8 ; puis on décrira du point A, toujours comme centre, les arcs 6 5, 8 9, dont les cordes 6 5, 8 9, donneront les différences cherchées, et contiendront autant de mesures linéaires du petit plan, que les lignes A 6 et A 8 en contiennent du grand, excepté toutefois qu'elles seront plus petites.

Second Exemple.

Si au contraire on veut grandir, ou établir un petit plan sur une plus grande échelle, (Fig. 13.) On fera la même opération dans le sens inverse, et les résultats en seront les mêmes, c'est-à-dire, que la ligne BD con-

tiendra autant de mesures linéaires du grand
plan, que la ligne **AD** en contient du petit,
excepté que les premières seront plus grandes.

Remarque.

Il est bon de remarquer que si la corde BD
était plus grande que le double de **A B**, elle
ne ferait point de section sur l'arc CDB, et
que par cette raison, elle ne pourrait être
coupée proportionnellement par cet arc ; aussi
cela rend-t-il cette dernière opération moins
générale que la première, et quelquefois
moins juste ; parce que lorsque les lignes approchent beaucoup du double du rayon de
l'arc, leurs sections sont si obliques, qu'il
est difficile d'en fixer le point juste ; dans ce
cas, il faudra employer les autres moyens.

Avec ces différentes méthodes, on sera en
état de faire le trait exact d'un plan ou d'un
dessin quelconque, soit que l'on veuille se
servir des carreaux, soit que l'on veuille le
faire sur des proportions données, etc.

L'angle de réduction peut être employé
très-utilement, lorsqu'on se sert de carreaux ;
le rapport des échelles à celui des carreaux
que cet angle vous donne, vous met à même
de déterminer avec précision la longueur d'une

ligne qui se termine dans un carreau, et le point où cette ligne coupe un côté du carreau pour y entrer; 1°. en mesurant avec l'échelle du plan à réduire ou à grandir, les distances que l'on veut connaître; 2°. en prenant la même quantité de mesures, sur l'échelle du plan réduit ou grandi, pour les porter ensuite sur les parties des carreaux, correspondantes à celles des premiers ou à celle de l'original, et ainsi de suite.

On opère, par ce double moyen, avec toute l'exactitude possible; une plus grande explication serait inutile, d'après ce que nous avons dit précédemment.

ARTICLE III.

Mise au trait.

Le premier trait d'un dessin quelconque, est toujours très-léger, et ne présente d'abord que la place des choses en grandes masses, afin de laisser la faculté de donner à ces différentes masses, par un nouveau trait ferme et arrêté, les formes les plus propres à les exprimer comme il convient.

Lorsqu'il y a dans les Cartes, sur de grandes échelles, des ouvrages de fortification permanente

nente ou passagère; des camps, des marches d'armées, etc., on peut les tracer tout de suite d'une manière décidée; la raison en est que les contours de ces divers objets devant être exprimés avec la règle, au carmin ou à l'encre, suivant leur nature différente, doivent rester au trait de crayon jusqu'à la fin de l'ouvrage, pour recevoir alors un trait de plume franc et net (1).

Il faut seulement faire attention à ce que le tracé au crayon ne s'efface pas par le frottement des garde-mains, pendant la durée du travail, au point de ne plus se reconnaître : ce qui arriverait si on n'usait de quelques précautions à cet égard.

Cette partie ne présente de difficulté que dans le plus ou le moins de netteté des lignes, soit qu'elles soient fines ou grosses.

Il n'en est pas de même des autres parties du tracé d'une carte, desquelles résultent l'ensemble général.

Cet ensemble général s'obtient par l'intelligence que l'on met, à l'agencement des différentes parties du terrain, à la conserva-

____

(1) Voyez les n°⁵. 5 et 6 des réflexions préliminaires, pour consulter les conventions à cet égard.

tion de leurs rapports, à leurs liaisons avec ce qui les environne, et avec les masses qui les produisent; enfin, à l'expression des formes qui leur conviennent.

Ainsi donc, le premier trait de crayon doit être assez ressenti (1) pour annoncer d'avance l'effet de cet ensemble général, tant par rapport à ses différentes oppositions en grandes masses, que par rapport à celles de ses détails; et en même tems pour décider les formes des différens accidens des montagnes, celles des rochers, des ravins, etc., avec fermeté, mais sans dureté, afin que venant ensuite au moment d'arrêter définitivement ce trait, à la plume ou au pinceau, on y retrouve l'esprit de sa première pensée, et qu'on l'ait toujours pour guide lors de l'établissement des masses au lavis. (*Voyez* la Pl. V, fig. *a*).

L'art et l'intelligence doivent faire de concert cette première opération.

____

(1) Expression dont les dessinateurs se servent, lorsque par un trait pur, on annonce les finesses et les moëlleux des contours balancés des figures, de manière à donner l'idée du relief et des masses d'opposition, par l'accompagnement de quelques hachures jetées avec esprit et justesse.

Mais l'art et l'intelligence relatives à cet objet, assez difficile à remplir, ne peuvent être que le résultat de l'expérience, et d'une certaine masse de connaissances, jointes à celles de l'ingénieur (1).

Lorsque le trait de crayon est passé ou arrêté au pinceau ou à la plume, on pourrait peut-être croire qu'il faut l'effacer en entier : on serait dans l'erreur ; il ne faut que l'affaiblir et en enlever la poussière (2), afin qu'elle ne nuise pas au lavis ; ce qui en reste ne peut nuire aucunement, et disparaît sous le pinceau peu-à-peu, et sous la vigueur des tons de couleur ; mais il faut qu'il en reste assez pour ne pas perdre, 1°. les données géométrales ; 2°. l'esprit et les détails que l'on a d'abord imaginé convenables à chaque chose ; 3°. enfin, pour ne pas s'écarter de la route que l'imagination s'est tracée, pour arriver à son but, et pour ne pas s'exposer à en sortir, pour n'en suivre ensuite que d'incertaines.

---

(1) Réflexions préliminaires, n°. 3.

(2) Avec un peu de mie de pain émiettée.

ARTICLE IV.

Arréter le trait de Crayon.

Lorsque le trait de crayon est entièrement fini, dans l'esprit que nous venons d'indiquer, il faut l'arrêter, à la plume ou au pinceau. Lequel des deux procédés faut-il choisir? Voilà la question.

L'un ou l'autre pouvant mener au même but, on sera libre du choix; chaque dessinateur a des moyens qui lui sont plus familiers, et qui conviennent mieux à sa manière de faire; en général, tous les moyens sont bons, lorsqu'ils conduisent à un bon résultat.

Quoique nous ne prononcions rien sur le choix des deux moyens, il y a cependant dans les cartes des parties qui semblent nécessiter l'emploi de l'un plutôt que celui de l'autre : ce qui conduit naturellement à faire usage des deux, pour appliquer à chacune des parties, celui qui lui convient le mieux. Faisons-en la distinction.

Les chemins, les contours des rivières, des ruisseaux, des ravins, lorsqu'ils ne sont pas d'une certaine largeur ni profondeur; les bois, les haies, etc. seront tracés plus sûrement, plus nettement et plus promptement à la plume qu'au pinceau (1).

Les pentes des montagnes, les rochers, les escarpemens, les petits arrachemens de terrain, etc. se feront mieux au pinceau qu'à la plume ; la touche du pinceau disposant plus largement dans leurs masses les détails que le lavis, doit ensuite décider. D'après ces considérations, nous allons suivre une marche qui en est la conséquence, en indiquant la manière d'annoncer chaque chose ; mais avant de parler de la manière d'annoncer au pinceau les pentes des montagnes, il est bon de dire un mot sur leur différente nature.

Des Montagnes.

« On distingue deux natures de montagnes, » les hautes montagnes, et celles qui ne sont » que des plaines élevées.

» Dans les premières, on distingue les » chaînes principales qui servent d'enceinte à » un pays, les différens rameaux qui en dé- » fendent ou qui en favorisent les issues, etc.

----

(1) Il est entendu que les parties d'architecture civile et militaire, doivent être aussi tracées à la plume.

» **Dans** les secondes, on exprime les val-
» lons qu'elles forment, les plaines qu'elles
» renferment, les rapports qui les lient les
» unes aux autres, les défilés qui leur servent
» d'issue, etc (1) ».

Les pentes de ces montagnes du second ordre, et généralement toutes celles qui ne seront pas rocailleuses, seront annoncées au pinceau, suivant le tracé du crayon, de la manière qui suit.

ARTICLE V.

Arrêter au pinceau le trait de Crayon des Montagnes.

Chaque coup de pinceau doit être donné suivant le profil de la montagne, pour faire justement sentir son degré de pente, en sorte que (Pl. II, fig. 13), si on joignait un des coups de pinceau donné sur la pente ombrée, avec son correspondant, donné sur le côté éclairé, par un prolongement de part et d'autre, sur le plat de la montagne, on aurait une courbe qui représenterait le profil de la montagne : c'est ce que les figures 14, 15 et 16

____

(1) Encyclopédie, tome Ier., art, **Carte militaire.**

de la même planche feront facilement entendre.

La fig. 14 représente une montagne de
forme ovale, où les ombres sont annoncées
dans son pourtour, par des hachures parallèles, et qui suivent le mouvement de sa pente,
tant à ses extrémités, que dans ses longs
côtés.

La fig. 15 représente sa hauteur au-dessus
du niveau du terrain, sur lequel elle est assise.

La fig. 16 représente une montagne de
même forme, de même pente, et de même
hauteur que la première, supposée coupée par
tranche de distance à autre.

En examinant ces différentes tranches, de
forme courbe, et en commençant par celle
qui est la plus près de son extrémité **A** comme
celle **BC**, on voit que toutes celles postérieures
se présentent dans un sens parallèle jusqu'à
la coupe **DEF**, qui marque sa plus grande
hauteur, et que depuis cette coupe, elles vont
en s'applatissant pour se terminer à la fin par
une ligne droite; maintenant, si on suppose
à une de ces tranches l'épaisseur d'un coup
de pinceau, ce coup de pinceau sera renfermé
entre les deux lignes parallèles qui formeront
cette épaisseur; faisant la même supposition
pour toutes les autres tranches, il s'ensuit que

chaque coup de pinceau peut être considéré comme une tranche, et que les tranches étant parallèles entr'elles, les coups de pinceau qui les représentent doivent aussi être parallèles entr'eux.

Il résulte donc de ce qui vient d'être démontré sur le parallélisme des hachures ou coups de pinceau, qui expriment les pentes des montagnes, que ces hachures doivent être faites parallèlement les unes aux autres, comme on le voit fig. 14, en ayant soin d'observer qu'à mesure qu'elles s'approchent des extrémités, les courbes qu'elles décrivent s'applatissent insensiblement, à raison de la diminution de la hauteur de la montagne, pour se terminer enfin par une ligne droite.

Il en serait de même, si l'on avait supposé la même montagne coupée dans sa longueur; cependant il faut toujours supposer ces sortes de coupes, dans le sens parallèle à celui dans lequel la montagne doit être vue.

Indépendamment de l'avantage que donne cette manière simple et vraie, d'ombrer les montagnes, il en résulte encore un autre, qui est de faciliter le raccordement et la liaison des différentes parties de terrain, de quelque manière bizarre qu'ils se présentent, ainsi que celle des détails de culture et autres dont elles sont couvertes, ou qui les environnent (1).

Cette manière d'ombrer les montagnes secondaires, est applicable aux parties des hautes montagnes qui présenteraient des pentes douces et arrondies, comme les différens rameaux qui en sont, en quelque sorte, les bases ou les contreforts, et qui semblent n'en être que des débris.

Article VI.

Arrêter le trait de Crayon des Rochers.

Les rochers, escarpemens et arrachemens des hautes montagnes et de celles secondaires, seront arrêtés au pinceau dans l'esprit qui aura d'abord été indiqué au crayon. On ne peut trop recommander cette attention, parce qu'il arrive presque toujours qu'on s'écarte de cet

---

(1) C'est ce que l'on n'obtient point, en les ombrant avec des hachures divergentes de toutes parts, comme le prescrivent les conventions ; ces hachures venant à se croiser confusément au bas des pentes qu'elles expriment, laissent toujours des parties décousues, et qui ont l'air de ne tenir à rien des choses même qui les environnent de plus près.

esprit, quelque desir que l'on ait de le conserver.

A R T I C L E　VII.

Des Arbres, Haies et Buissons.

Les arbres, haies et buissons, seront arrêtés à la plume, et on indiquera leurs différentes espèces, autant que la grandeur des échelles pourra le permettre. *Voyez* Pl. IV.

Dans les parties de bois ou forêts, on les disposera par groupes, plus ou moins étendus; et dans les intervalles qui se trouveront entre eux, on indiquera quelques buissons ou brindilles, pour faire remplissage et liaison.

Ces groupes, jetés avec goût dans les parties boisées des cartes, sont un composé d'autres petits groupes, qui, par leur réunion, présentent en masse celles du feuillé des arbres; il faut les y distribuer sans affectation, d'une manière agréable et contrastée, pour éviter la monotonie, et avoir soin que le trait en soit libre et facile. *Voyez* la même pl. IV.

Les bois taillis se font aussi par groupes, qui ne diffèrent des grands bois que par le moins de hauteur, et par une disposition de branches et de feuillages plus verticale.

Les haies et buissons n'étant que des di-
minutifs des grands bois, il faut les traiter avec
beaucoup de liberté, de goût et de légèreté.

Les différentes espèces d'arbres qu'il est
possible de distinguer dans les cartes, par leur
forme, sont : le chêne, le bouleau, le peuplier, l'aulne, le saule, le sapin, et le pin
d'Italie; la planche IV fera voir leurs différentes formes, sur différentes échelles; mais
on y remarquera que ces différentes formes
sont bien difficiles à faire sentir, lorsque les
échelles sont petites, et qu'elles ne peuvent
même plus se distinguer à un certain degré
de petitesse des échelles.

Les arbres fruitiers se distinguent des autres par une forme, qui fait un peu l'éven-
tail.

Les espèces d'arbres aquatiques, tels que
le saule, le peuplier, l'aulne, l'osier, etc. sont
plus ordinairement situés au bord des rivières,
des marais, et plutôt dans les parties humides
qu'ailleurs; les autres espèces, qui sont les arbres des forêts, sont situés assez indifféremment
dans tous les lieux qui ne sont pas cultivés;
le sapin est l'arbre des montagnes; l'orme
est ordinairement celui qui borde les grands
chemins ou chaussées.

ARTICLE VIII.

Des Rivières, Ruisseaux et Marais.

Les contours des rivières et des ruisseaux seront aussi arrêtés à la plume ; les flaques d'eau des marais le seront de même, mais d'une manière libre, et qui n'ait point l'air trop arrangé ni une forme trop horizontale ; parce que, par une telle disposition, ils paraissent comme vus en perspective : ce qui n'est pas naturel, devant, ainsi que toutes les autres parties du plan, présenter le géométral, et non une perspective contradictoire et disparate avec son tout.

ARTICLE IX.

Des Berges.

Les berges ou encaissemens des rivières, pourront être arrêtées au pinceau, lorsque par elles-mêmes, ou par la grandeur des échelles, elles se trouveront assez hautes pour cela ; étant ordinairement escarpées, ou en talus interrompu par des déchiremens et des éboulemens, qui tiennent à la classe des escarpemens, elles seront annoncées plus largement au pinceau qu'à la plume.

ARTICLE X.

Des Fossés, Chemins et Sentiers ; des Chaussées, des grands Chemins, des Étangs et Canaux.

Le trait des chaussées qui forment les grands chemins, et celui des chaussées des étangs, quoiqu'elles soient en ligne droite, sera arrêté à la main, en suivant le trait de crayon avec un pinceau chargé d'une couleur de terre ; le trait de pinceau doit être léger, libre, interrompu de tems en tems, et, pour ainsi dire, badiné, pour lui ôter la roideur et le sec, que lui donnerait un trait de plume.

Les chaussées étant ainsi tracées au pinceau, sont toutes disposées à se raccorder avec les objets qui les limitent : ce que ne ferait pas un trait de plume sec et continu ; les petites interruptions et inégalités qui se trouvent dans le trait au pinceau, ne font point un mauvais effet. Il importe seulement que la ligne soit droite dans sa totalité, et qu'elle ne sorte point de sa place ; cette manière même la fait paraître d'une plus grande étendue que ne ferait un trait de plume.

Il en sera de même pour les bords des fossés et ceux des canaux, excepté pour les parties qui seront revêtues de maçonnerie; cette exception s'étend aux parties des chaussées, qui le seront aussi.

En suivant au pinceau l'alignement des grands chemins, il faut avoir attention, lorsqu'on arrive au roide des montagnes qu'ils traversent, d'indiquer les coupures qu'on y a faites pour les adoucir; ces coupures présentent ordinairement de petits escarpemens, en talus lié ou dégradé, auxquels il faut donner leur caractère, si la grandeur des échelles le permet, de même qu'à ceux des chemins creux de traverse, dits chemins vicinaux.

On arrêtera aussi au pinceau, la partie du milieu des grands chemins qui marque le roulage, soit que cette partie soit pavée, ou simplement ferrée; les teintes de lavis en feront ensuite la différence.

Les contours des chemins vicinaux ou de traverse, et ceux des sentiers, seront arrêtés à la plume par un trait léger et balancé, à l'encre de la Chine, afin de les détacher plus facilement en clair sur les fonds de paysages, effets qu'ils font déjà naturellement; on ne remplirait pas ce but, si l'on mettait à l'encre les deux côtés du chemin; il faut seulement

mettre à l'encre celui qui est opposé à la
lumière, et laisser l'autre au crayon, autrement ils ne se détacheraient qu'en brun, au
lieu de se détacher en clair.

A r t i c l e   XI.

Des Jardins et Parterres.

Les jardins qui tiennent à de petites maisons, ou qui entourent celles des villages,
seront tracés librement et arrêtés au pinceau,
comme nous l'avons dit pour les chaussées.

Quant aux parterres et jardins d'étendue,
et comportant des distributions particulières,
les distributions seront d'abord tracées exactement au crayon, et ensuite arrêtées au pinceau, ainsi que dans les autres jardins.

Les parties des jardins et des parterres,
où il y aura des arbres fruitiers, des bosquets,
des charmilles, des vergers, des allées d'arbres, etc., seront arrêtées à la plume.

Les fleurs, les arbustes, les ifs, les bordures en buis, seront de même réservés à la
plume, qui les exprimera par un petit gri-
gnotis, très-léger, fait avec goût, afin de ménager du brillant aux couleurs qu'on y mettra
ensuite; et à l'égard de toutes les parties qui

formeraient des distributions, et dont les bordures ne seraient pas garnies en buis ou en fleurs, elles seront arrêtées au pinceau.

ARTICLE XII.

Des Vignes et des Houblons.

On fait les échalats des vignes à la plume, très-petits, et perpendiculaires à la base du plan ; on les plante régulièrement ou irrégulièrement par pièces, dans lesquelles on peut laisser quelques vides de distance à autre pour éviter la monotonie, et y jeter, à cet effet, quelques petits arbres, qui seront censés représenter les pêchers de vignes, ainsi qu'on le voit dans presque tous les cantons de vignobles.

Les échalats des houblóns se font comme ceux des vignes, mais plus grands au moins du double.

ARTICLE XIII.

Des Bâtimens d'Architecture militaire ou civile.

Les lignes des contours des plans particuliers des ouvrages et bâtimens d'architecture civile

civile ou militaire, soit qu'ils subsistent, soit qu'ils ne soient qu'en projets, seront tirées à la règle, et doivent être toujours noires, ainsi que celles des ouvrages de fortifications en terre, des camps, des marches d'armées, etc.

On distingue ensuite par le lavis chaque nature d'ouvrage; tout ce qui est maçonnerie est lavé en rouge, et les autres objets de la couleur qui leur convient; s'ils ne sont qu'en projet, on les lave en jaune, de quelque nature qu'ils soient; et si le projet est irrésolu, les lignes seront ponctuées.

Les ouvrages de maçonnerie qui ont été détruits, seront ponctués en rouge; ceux de terre également détruits, le seront en noir.

On exprime aussi par des lignes ponctuées, les ouvrages souterrains, les canaux, les tuyaux de conduite des eaux.

En mettant au trait les plans des ouvrages que nous venons de désigner, on fera sentir le côté éclairé et le côté ombré. Pour cela, les lignes du côté qui reçoit la lumière, seront déliées; celles du côté qui en sera privé, seront plus grosses; cette grosseur sera plus ou moins forte, à raison du plus ou moins de relief que l'on voudra donner au plan, lequel est toujours supposé coupé horizontalement, à quelques mètres ou pieds au-dessus du niveau du terrain.

On est convenu généralement que le jour serait supposé venir de la gauche à la droite, à 45 degrés de déclinaison ou à 45 degrés d'inclinaison ; la première partie de cette supposition porte les ombres vers la base du plan, et la seconde les rend égaux à la hauteur des corps qui les produisent : voilà son effet ; mais il résulte de cette seconde partie, une contradiction remarquable ; en effet, les pentes de la plupart des montagnes secondaires n'ayant pas 45 degrés d'inclinaison ou de pente, la lumière, dans la supposition dont il s'agit, ne peut que friser ces pentes, et par conséquent ne peut leur porter, au lieu d'ombre, qu'un obscurcissement faible, eu égard à celles qui la reçoivent directement ; cet obscurcissement n'est point une ombre ; cependant on les ombre toujours, qu'elles soient privées de lumière ou non : n'est-ce pas une contradiction ?

Ainsi donc, on pense que pour éviter d'y tomber, il faut faire des suppositions d'une nature qui puisse autoriser et rendre plausible les moyens à prendre pour exprimer, dans leur ensemble et dans leurs détails, les objets qu'on a à traiter.

S'il y a sur un même terrain plusieurs camps à exprimer, le camp ou le mouvement principal sera toujours au trait plein, les autres camps ou mouvemens ne seront que ponctués; les marches d'armées se distingueront de même par des lignes ponctuées dans les endroits où elles ont eu lieu.

Lorsque l'on veut distinguer sur une carte, un champ de bataille, ou le lieu où s'est passé une action considérable, on y met deux sabres en croix; la pointe en haut, si la troupe de la nation à laquelle appartient le terrain a vaincu, et la pointe en bas dans le cas contraire.

Si ce n'est qu'un petit combat ou une escarmouche, on n'y met qu'un sabre.

ARTICLE XIV.

Haute et basse Mer, et Inondations.

Lorsque l'on doit représenter la haute et basse mer, il faut ponctuer le trait qui marque l'une et l'autre, afin que lorsqu'on en sera au lavis, on puisse établir une couleur de sable, que la transparence de l'eau, bien ménagée, puisse laisser voir entre ces deux lignes.

Pour les inondations, on indiquera légèrement toutes les choses qui existeront sous les eaux de l'inondation, de manière à en faciliter la transparence, et à les faire reconnaître.

ARTICLE XV.

Des Dunes et des Falaises.

Les falaises sont des escarpemens au bord de la mer, que l'on traitera comme les autres escarpemens ; ils n'en diffèrent quelquefois que par une couleur blanchâtre.

Les dunes sont de petits monticules de sable, dont la crête est ordinairement aiguë ; on les traite comme les montagnes.

ARTICLE XVI.

Terre d'ombre.

En général, tout ce qui sera arrêté au pinceau, le sera avec une couleur de terre, composée avec du bistre, du carmin, de la gomme gutte, si l'on veut, avec un peu d'encre de la Chine,

ARTICLE XVII.

Coler le Dessin.

Le trait de toutes les parties du dessin étant arrêté à la plume ou au pinceau, on colera, par les bords seulement, la feuille de papier sur laquelle le dessin est tracé, sur un carton assez fort pour ne pas être plié lui-même par la tension du papier.

Cette précaution est nécessaire pour toute espèce de lavis ; sans cela, il se fait mal, et il donne beaucoup de peine ; pour peu qu'on ait d'usage du lavis, on en sentira la nécessité, et on en connaîtra les avantages ; aussi ne s'appesantira-t-on pas sur cet objet.

L'opération en question se fait avec la colle à bouche, après avoir humecté le revers du papier, en le frottant légèrement avec une éponge, dans laquelle il ne doit rester que très-peu d'eau.

Après cette dernière préparation, si le papier n'est pas très-bon, ou qu'il ait été fatigué par la mise au trait, on passera sur le tout, pour le rétablir, une eau légère d'alun, avec un très-gros pinceau.

Il en résulte plusieurs avantages ; le premier est d'empêcher le papier de boire, en supposant qu'il y soit disposé par des défauts naturels, ou par altération.

Le second est de fixer le trait, de manière que, si dans le cours du lavis, une teinte est trop forte, ou qu'une partie quelconque du dessin ne réponde pas à l'effet qu'on se propose, on puisse l'effacer ou l'affaiblir avec une éponge mouillée; le trait qui est dessous ne s'efface point, et reste intact, en sorte qu'on retrouve encore sa première pensée.

Un troisième avantage est de nettoyer et de remettre le papier dans l'état où il était avant d'avoir éprouvé aucun frottement; mais pour obtenir ce nettoiement complet et général, il faut, lorsqu'on passe l'eau d'alun, poser verticalement le carton sur lequel le dessin est posé, et le laisser s'égoutter et sécher dans cette situation.

Il est, par ce moyen, bien plus sûrement nettoyé qu'avec la mie de pain, qui en altère toujours plus ou moins le poli...

CHAPITRE II.

DU LAVIS.

MAXIMES ET IDÉES GÉNÉRALES.

1. Toutes les parties d'un plan étant mises au trait *ressenti*, conformément aux principes établis à l'article 5 de la préparation, doivent être rendues, liées, et concourir à un effet général par le moyen du lavis.

2. L'effet général, pour être harmonieux, ne s'obtient que par la marche mesurée et progressive du lavis, c'est-à-dire, par une espèce de seconde préparation, qui en est comme l'ébauche.

3. L'ébauche d'un plan ou d'un dessin quelconque, doit donner l'apperçu de son effet général ; mais pour cela, il faut que toutes les parties qui le composent, soient portées, par les teintes de lavis, au degré de ton qui leur est relatif, ainsi qu'à la place qu'elles occupent.

4. Ainsi donc, pour produire cet apperçu, l'ébauche doit annoncer de suite toutes les parties qui concourent à l'effet général.

5. Les premières teintes du lavis qui forment l'ébauche, doivent être portées sur les grandes masses, sans s'arrêter aux détails, si ce n'est pour ménager leurs jours ou leurs lumières.

6. Les premières teintes doivent être posées franchement sur les masses d'ombres qu'elles annoncent, et avoir un degré de ton propre à exprimer celui des reflets de lumières que ces masses d'ombres doivent naturellement recevoir des objets voisins.

7. Ce degré de ton des premières teintes ne pouvant être indiqué par des règles bien précises, est réservé au jugement et à l'expérience de l'artiste.

8. Les reflets des masses d'ombres premièrement établies par l'ébauche, ne se font sentir que lorsqu'avec d'autres teintes plus fortes que les premières, on vient à les détailler.

9. Les détails s'expriment par des teintes et des touches plus ou moins fortes.

10. Le plus ou le moins de force des secondes teintes, est aussi relatif au plus ou moins d'éloignement des objets à la base du tableau, ou à la succession des différens plans.

11. Lorsqu'on emploie les secondes teintes pour détailler les masses d'ombres d'abord

établis par l'ébauche, on ménage les parties reflettées de ces masses, de la même manière qu'on ménage les parties des jours des objets qui reçoivent directement la lumière.

12. Les coups de forces viennent ensuite, pour rendre certains détails plus sensibles, plus décidés, et pour exprimer les creux, les trous, et tout ce qui est totalement privé de lumière.

13. Les teintes de l'ébauche sont de deux espèces , les teintes plates et les teintes adoucies.

14. Les teintes plates sont pour les masses de rochers, et les teintes adoucies pour les pentes des montagnes.

15. Les teintes de lavis doivent paraître transparentes.

16. Pour conserver la transparence des teintes de lavis, il faut les poser à grandes touches, franchement et sans tâtonnement, au premier coup, et autant qu'il est possible d'en juger , du ton juste qui convient à la place qu'elles occupent.

17. Lorsque les premières teintes, qui font en général le fond du lavis, ne sont pas de la justesse de ton qui leur convient, il faut alors les remonter ou les affaiblir.

18. Toutes les fois qu'on est obligé d'aug-

menter ou d'affaiblir le ton d'une teinte, on
diminue d'autant sa fraîcheur, et si on répète
plusieurs fois cette opération, on finit souvent par la lui ôter tout-à-fait, et par la rendre
louche et mate, de transparente qu'elle devait
être.

19. L'établissement des teintes au ton juste
qui leur convient, est sans doute difficile ;
cependant c'est delà que dépendent la pureté
du lavis, et les moyens de donner à l'effet
général le ton aérien qu'il doit avoir.

20. Quelque soit l'effet général, s'il n'a
pas le ton aérien, si par-tout on n'y sent pas
la présence de l'air, le jeu non équivoque
des réflexions de lumières, des jours directs
ou indirects (1), l'effet général de la nature
qu'on a voulu imiter, est manqué.

Ébauche du Lavis des Cartes.

A R T I C L E Ier.

Toutes les masses d'ombres seront annoncées successivement au pinceau, tant sur les
pentes des montagnes que sur les rochers,

______

(1) Perspective aérienne, n°. 32.

et généralement sur toutes les parties qui seront privées de lumière directe, quelle que soit leur étendue, conformément à ce qui a été dit, n°. 4, de ce chapitre.

ARTICLE II.

Des Montagnes.

Les pentes des montagnes sont de deux espèces ; savoir : les pentes arrondies vers leur sommet, et les pentes dites coupées.

Les pentes arrondies des montagnes sont, en général, celles qui ont été accessibles à la charrue ; le passage réitéré de cet instrument applatissant à la longue, et faisant disparaître de leur superficie, tous les petits monticules et inégalités qui pouvaient y exister primitivement, a rendu ces pentes unies ; voilà ce qui les distingue de celles qui ne sont pas cultivées : cette distinction ne doit pas être négligée.

Les pentes coupées forment un angle plus ou moins obtus avec le plat de la montagne, et une espèce de talus, qui depuis son pied, vient se terminer au sommet de cet angle.

ARTICLE III.

Ombrer les Pentes arrondies.

Ces ombres s'expriment par des hachures ou coups de pinceau parallèles entre eux (chap. Ier, art. 5.), et adouci par les deux extrémités.

Cet adoucissement de leurs extrémités doit s'opérer sans le secours d'un second pinceau sec ou mouillé (1), et seulement par la manière libre dont il est donné. Pour cet effet, il faut que le pinceau, en abordant le papier, ne fasse d'abord que l'effleurer, en y laissant peu de couleur ; qu'on l'appuie ensuite plus ferme le long de la pente, jusqu'à ce qu'enfin il soit arrivé au point où il doit être adouci par le bas : ce qu'il opère, en se relevant graduellement, et en effleurant la surface du papier, de la même manière qu'il la fait en commençant ; il faut aussi le conduire de manière que chacun de ses coups dessine le profil de la montagne (même chap. n°. 5.) ; on aura aussi attention de ménager les jours des groupes d'arbres qui pourraient se trouver

----

(1) Voyez les anciennes conventions.

sur ces pentes, de même que les chemins et sentiers.

ARTICLE IV.

Ombrer les Pentes coupées.

Les pentes coupées seront ombrées, depuis la ligne qui marque le plat de la montagne, par une teinte plate, adoucie par le bas.

ARTICLE V.

Parvenir au degré de force nécessaire aux teintes adoucies.

Les coups de pinceau indiqués, art. 3 de ce chapitre, ne forment pas aussi-tôt une masse d'ombre aussi unie et aussi forte qu'elle doit l'être; mais on y parvient en les répétant, et en repassant plusieurs fois, avec la même teinte, sur ces mêmes masses. *Voyez* la pl. III.

Remarque.

On fera remarquer, 1°. que c'est ce qui met une différence entre la manière d'ombrer les masses adoucies et celles qui ne le sont pas ; 2°. que malgré ce qui a été dit, n°. 16 de ce chapitre, relativement à la conservation de la transparence des teintes du lavis, les pentes ombrées, ainsi qu'on vient de le dire, en conserveront assez, si les couches de pinceau qu'on mettra les unes sur les autres, ne sont pas trop répétées, si une couche n'est pas posée, lorsque le papier est encore trop mouillé par celle qui a précédé, et si enfin la teinte avec laquelle on répétera ces différentes couches, n'est pas trop faible ou trop forte ; ces deux extrémités produisent le même effet, l'une fatigant le papier en obligeant à multiplier les couches pour arriver au degré de ton convenable, rend ce ton louche et indécis ; l'autre de même, en arrivant trop subitement à ce degré.

ARTICLE VI.

Conserver le ton local sous les teintes adoucies.

Les pentes des montagnes ayant été annoncées à la terre d'ombre (n°. 16, chap. II), doivent acquérir par la première couche, ou par une seconde au plus, le degré de couleur de terre qui leur convient naturellement ;

et ne doivent être obscurcies par les couches d'encre de la Chine à mettre par dessus, que proportionnellement au degré de force qu'on supposera à ces ombres, lesquelles doivent toujours participer plus ou moins au ton local de chaque objet.

C'est ainsi que la nature opère ; chaque degré de privation de la lumière sur les corps, est une couche d'obscurcissement ou de dégradation plus ou moins forts de leurs couleurs locales, sans cependant les absorber en entier, et au point de ne plus les reconnaître, à moins d'une privation totale de lumière atmosphérique.

ARTICLE VII.

Des Pentes des Montagnes du côté éclairé.

Les jours des pentes des montages doivent être un peu affaiblis par le bas, en adoucissant vers le haut, où ils doivent rester dans leur entier, cette partie étant la plus rapprochée de l'œil.

Les rayons de lumière frappent plus directement les pentes des montagnes que leur plat, qui les reçoit un peu obliquement ; cette différence doit aussi en apporter une dans l'éclat de leurs jours ; c'est pourquoi on fera en sorte de la faire sentir, soit avec des teintes légères d'encre de la Chine, soit avec des tons de couleur, etc.

ARTICLE VIII.

Ombrer les Rochers.

Les masses des rochers seront couvertes d'une teinte plate d'encre de la Chine, posée franchement et à pinceau plein ; mais avant d'employer cette teinte, il faudra établir le ton local de ces masses de rochers (art. 6 de ce chap.), et pour cela, on les colorera avec les tons qui leur sont propres, tels que les tons jaunâtres, roussâtres, grisâtres, etc. ; les deux premiers seront composés avec le carmin et la gomme gutte, le dernier avec l'indigo et le carmin.

On distribuera ces tons colorans sur les différentes parties de ces masses de rochers, de manière à ce qu'ils soient en opposition, et contrastent avec goût les uns avec les autres ; et l'on aura soin de leur donner le degré de force propre à leur faire conserver, sous la teinte d'encre de la Chine, le degré de

ton

ton local qui leur est naturel ; ce ton, comme on l'a dit, ne doit être dégradé qu'à un certain point. (*Voyez* art. 4 de ce chapitre).

On aura soin en même tems d'établir franchement ces tons colorans, au premier coup, sans chercher à les adoucir ou à les fondre les uns dans les autres ; ils doivent sécher sur place comme ils ont été posés ; on observera enfin de n'en point couvrir entièrement toutes les parties du rocher. Il faut laisser à l'encre de la Chine seule, teinter les parties qu'on n'aura pas colorées ; elle contribue, par son opposition avec ces teintes colorées, à les faire valoir, et à en augmenter la diversité ; d'ailleurs, le ton gris qui lui est propre, étant celui que la nature nous présente en masse, n'a rien qui soit contraire à son effet général ; cependant les teintes colorées seront plus particulièrement posées sur les parties qui seront les plus vivement reflettées. (*Voyez* Pl. V, fig. *b.*)

Le même procédé s'observera pour tout ce qui sera escarpement, déchirement, éboulement de rochers ou de terrains quelconque.

ARTICLE IX.

Ombrer les Ravins.

Les ravins sont de différentes dimensions en largeur et en profondeur ; la plupart sont formés par de petites rigoles, que l'écoulement des eaux de la pluie des terrains environnans creuse et élargit de plus en plus, à partir de leur origine, qui à peine est sensible, et existe souvent à des distances très-considérables.

La trace des ravins, même dès leur naissance, n'est point indifférente à exprimer lorsqu'on lève un terrain où il s'en trouve ; en effet, les rigoles qui les forment, suivant toujours des petits fonds qui communiquent à d'autres d'où partent leurs ramifications, donnent la facilité de faire sentir, dans tous les sens, les petites inégalités d'un terrain, qui, souvent considéré comme plaine, n'est, dans le vrai, qu'un composé de petits fonds et de petites hauteurs appelées rideaux, dont l'existence ne doit pas être ignorée, en avant d'une position militaire quelconque. (*Voyez* Pl. VI).

Lorsque les ravins ont acquis, par l'écoulement répété des eaux pluviales, une certaine profondeur et largeur, les bords en sont ou escarpés ou en talus ; ceux qui sont escarpés présentent ordinairement des formes de rochers, qui se préparent et se finissent comme eux ; ceux qui sont en talus se traitent comme tout ce qui est considéré sous la forme de déchirement ou de petits escarpemens de terrains, etc.

ARTICLE X.

Ombrer les Arbres, Haies et Buissons.

Les groupes d'arbres des forêts, disposées comme il a été dit art. 7, chap. Ier, seront ombrés avec une teinte moyenne d'encre de la Chine ; ensuite, dans les masses ombrées de ces groupes, on décidera, avec une teinte un peu plus forte, les détails que le trait de plume y aura préparés, ainsi que ceux de leurs parties éclairées ; la teinte avec laquelle on exprimera ceux des parties éclairées de ces groupes, sera moins forte que celle premièrement désignée pour les grandes masses, afin de ménager au ton local, qui y sera posé après, tout le brillant qu'il doit avoir ; le détail des grandes masses du côté de leurs jours, se fera donc légèrement, à moins de frais possible, et, pour ainsi dire, avec de ces riens, qui, sans prononcer les choses à un certain point, les font suffisamment sentir ou imaginer.

En dernier résultat, les ombres des arbres, en général, doivent être ménagées de manière à ce que le vert (qui pousse toujours en force) ne les fasse point paraître noirs ou durs, lorsqu'on en viendra à le poser dessus, inconvénient qui a toujours lieu lorsqu'on s'appesantit trop sur les détails avec l'encre de la Chine; il suffira d'indiquer d'abord les grandes masses d'ombres, presque par de simples teintes plates; ensuite, les détails des masses éclairées par une touche et des teintes très-légères. Il vaut mieux revenir sur ces détails après les premières teintes de vert posées : on juge mieux alors de leur effet, et jusqu'à quel point on peut en pousser la recherche, tant dans les masses ombrées, que dans les masses éclairées.

Les ombres portées des arbres isolés ou groupés, seront annoncées avec des teintes plus fortes, parce que non seulement elles sont, dans la nature, plus fortes que celles des corps qui les produisent, mais encore parce qu'elles servent à les faire s'élever et se détacher du sol; ces ombres portées seront jetées librement et à formes perdues à leurs extrémités : cette manière est plus expéditive, et remplit suffisamment l'effet de la nature.

Observation.

La manière de faire les arbres, en employant successivement et la plume et le pinceau, n'est pas la plus abrégée. On a bien plutôt fait de les faire au pinceau seul; mais cette manière, qui a aussi ses difficultés, est peu propre à les mettre d'accord avec les autres parties du plan, et à les faire participer à leur harmonie générale; ainsi, lorsqu'il sera question du genre fini, on fera bien de préférer la première.

ARTICLE XI.

Des Eaux en général.

Les eaux, dans la nature, comme dans ses imitations, sont toujours les parties les plus claires; elles nous paraissent en masse de la couleur du ciel qu'elles réfléchissent, et en détail, de celle des objets qui les approchent;

les bords qui les limitent, et qu'elles réfléchissent aussi, les font participer de leurs couleurs locales, soit que ces bords soient ombrés, soient qu'ils soient éclairés.

De ces idées générales, dérivent les moyens que l'on doit employer pour exprimer la surface des rivières, des étangs, des lacs, etc.

ARTICLE XII.

Ombrer les Rivières.

La surface de l'eau parfaitement unie (dans un état de calme), et toujours si bien en harmonie avec tout ce qui l'environne, à raison de sa transparence, semble, sous ce rapport, ne devoir être exprimée que par une teinte plate, et ne pas exiger d'autres soins ; cependant rien n'exige une préparation plus soignée et plus ménagée.

Le reflet des bords ombrés ou éclairés, les parties plus brillantes les unes que les autres, celles qui réfléchissent plus particulièrement les rayons de la lumière, celles qui, sans être brillantes, ne sont point obscures ; enfin la liaison et l'accord parfait de toutes ces parties, soit dans leurs différens degrés d'éclat, ou d'obscurcissement, soit dans la variété de

leurs tons, sont les effets qu'on doit se pro-
poser de rendre, au moyen d'une préparation faite avec beaucoup d'attention et d'intelligence.

L'expression des eaux, difficile même en
peinture, l'est encore plus au lavis, qui n'a
pas autant de ressources ; c'est pourquoi les
procédés à employer pour parvenir à la préparation en question, ne peuvent avoir de règles bien positives ; tout ce que l'on peut faire
de mieux à cet égard, est de suivre la marche
que la nature nous indique elle-même pour
les choses qu'elle prononce le plus à nos yeux ;
les réflexions des objets dans l'eau étant les
premières choses que nous saisissions, il faut
commencer par les exprimer, avant de passer
aux autres effets ; en conséquence :

On commencera par annoncer légèrement
les réflexions des parties ombrées des bords
des rivières, étangs, lacs, etc. avec le ton
local qui convient, et on repassera ensuite
dessus de l'encre de la Chine.

En posant les teintes qui exprimeront les
réflexions, on ménagera un petit filet de clair,
parallèle, et immédiatement au bord des rivières ; ce filet clair est un effet produit par
le mouvement plus ou moins rapide de leur
cours ; ce même mouvement de leur cours

fait aussi que les réflexions vont en se fondant ou en se perdant, avant d'avoir acquis en étendue la hauteur des parties qui les produisent ; les réflexions sont plus prononcées au bord des étangs et lacs , où l'eau est tranquille, et elles y répètent fidèlement en forme et en hauteur (1) les objets qui les produisent; le même filet de clair a aussi lieu au bord des lacs et des étangs , mais il y est moins décidé.

Les teintes avec lesquelles on formera les réflexions, doivent être posées d'une manière libre et franche, en ménageant de tems en tems de petits clairs , dans les masses d'ombres qu'elles forment, lesquels petits clairs se lient ensuite avec d'autres , lorsque l'on vient à détailler ceux de la surface des eaux qu'on doit représenter ; c'est le moyen de rompre l'uniformité de ces masses d'ombres, et de maintenir leur transparence.

Que l'on emploie touches ou méplats, pour exprimer la surface des eaux, il faut toujours qu'ils soient posés parallèlement à la base du plan, quel que soit le sens dans lequel se présentent les divers contours de ces mêmes eaux ; on observera cependant de ne point arranger

---

(1) L'angle de réflexion égale l'angle d'incidence.

trop symétriquement ni trop parallèlement le détail de leur superficie, parce qu'alors elles paraîtraient vues horizontalement, et non en plan.

Les autres détails de la superficie des eaux, qui consistent généralement, dans des parties plus claires les unes que les autres, mais liées et fondues avec une grande finesse (quoique quelquefois elles paraissent tranchantes), dans des parties encore plus brillantes, lorsqu'elles réfléchissent plus de rayons de la lumière, ou qu'elles sont plus près de l'œil, dans des parties plus ou moins obscurcies, lorsqu'elles sont voisines des rives, ou de quelques grandes masses ombrées; enfin, dans les différens tons de couleurs que ces eaux empruntent des terrains qu'elles parcourent, etc. ne peuvent être annoncées par la préparation dont il est question ; ils entraîneraient dans un travail minutieux, qui nuirait à la transparence et à la pureté de leur ton local.

Il faut se contenter d'annoncer les reflets, comme je l'ai dit plus haut, et seulement de les accompagner de quelques teintes légères du côté ombré; la couleur ensuite fera le reste, avec le secours de quelques tons d'encre de la Chine et autres.

A R T I C L E   XIII.

Teinter les Vallons et les Plaines.

Lorsque toutes les parties du plan seront préparées ou ébauchées ; conformément à ce qui est prescrit dans ce chapitre, on teintera avec de l'encre de la Chine, tout ce qui pourrait disputer de lumière avec le haut des montagnes et avec leurs pentes, c'est-à-dire, on étendra à plat une teinte légère d'encre de la Chine sur tout ce qui est plaine ou vallon, et généralement sur toutes les lumières subordonnées à celles des montagnes et de toutes les parties élevées au-dessus du sol ; on ménagera seulement en passant, les chemins, les sentiers, les lumières des principaux groupes d'arbres, les eaux, les massifs des maisons, les plans d'architecture, etc. (*Voyez* Pl. III, les fig. 16, 17, 18, 19.)

Ces teintes seront adoucies et raccordées avec les pentes des montagnes : ce qui n'exigera qu'un peu d'attention du côté où elles sont éclairées, et où leurs jours ont déjà été affaiblis par le bas. (*Voyez* art. 7 de ce chap.)

Ce moyen sert, 1º. à mettre une différence entre les lumières rapprochées de l'œil, et celles qui s'en éloignent ; 2°. à distinguer d'abord ce qui est montagne d'avec ce qui est plaine ; car, sans cela, le vallon entre deux est souvent pris pour le sommet d'une autre montagne, ombrée en sens contraire ; 3°. enfin à faire reconnaître sans équivoque toutes les parties d'un plan, et à en avancer l'effet général.

Il ne faut pas craindre que cette teinte d'encre de la Chine nuise au brillant des couleurs que l'on mettra ensuite dessus ; elles auront encore le degré de fraîcheur convenable à la place qu'elles doivent occuper : il ne s'agira que de les bien employer.

A R T I C L E   X I V.

Ton dominant des Ombres.

On ne doit pas oublier dans l'ébauche, de faire sentir le point d'enfoncement du ton dominant des ombres, leur gradation et leur dégradation, conformément aux principes établis, n°. 49.

CHAPITRE III.

DU FINI.

ARTICLE Ier.

L'ÉBAUCHE du plan étant terminée dans toutes ses parties, et les plaines et les vallons étant teintés conformément à l'art. 15, ch. II, l'effet général que le tout produit dans cet état d'ébauche, doit faire appercevoir (n°s. 3 et 4, chap. II.) celui qui résultera lorsqu'il sera totalement fini ; si à cet apperçu, quelques objets ne se trouvaient pas au ton convenable à la place qu'ils occupent, on y remédiera, soit en les remontant, soit en les affaiblissant (n°. 17, chap. II), afin que l'accord soit premièrement établi entr'eux, avant qu'on s'occupe des moyens de le décider davantage par le fini.

ARTICLE II.

Des Montagnes à pentes adoucies.

Les pentes adoucies des montagnes ayant dû être portées par l'ébauche au degré de vigueur qui convient au lieu qu'elles occupent, elles resteront dans cet état, jusqu'à ce que la couleur venant ensuite, les achève totalement, en y exprimant, soit des travaux de culture, soit des travaux qui leur seront parculiers.

ARTICLE III.

Des Montagnes à pentes coupées.

Les pentes coupées étant généralement plus escarpées que celles adoucies, et, sous ce rapport, peu accessibles à la charrue, sont le plus souvent (sur-tout vers leur crête), couvertes, au lieu de cultures, de bois, de buissons, ou de petits déchiremens, que l'on exprimera sur la teinte déjà posée à plat, comme il sera dit ci-après, pour les escarpemens, soit qu'ils se trouvent sur un côté ombré ou sur un côté éclairé.

ARTICLE IV.

Détailler les Rochers.

Les rochers dans l'état d'ébauche, ne présentent que des masses ; comme leurs détails sont enveloppés dans ces masses, il est question de les en faire sortir, et de les mettre en évidence. Voici le moyen d'y parvenir.

On prendra une teinte d'encre de la Chine à-peu-près double de celle de l'ébauche ; avec cette teinte, ainsi qu'à l'aide du trait ressenti, dont on a parlé dans l'art. 3, chap. Ier, on recherchera les détails enveloppés dans les masses, en employant de grands coups de pinceau plein (1), sans repasser deux fois au même endroit, que l'on soit content ou non, de la forme (2) produite par la marche du pinceau ; en agissant successivement, toujours

---

(1) Il ne faut pas que le pinceau soit plein, de manière à ne pouvoir suivre des formes et des contours sans s'en écarter ; il faut toujours le ressuyer un peu, avant de le faire agir.

(2) Si on veut la rectifier, le pinceau étant plein, on s'expose à faire un placard encore moins satisfaisant.

à grands coups de pinceau, toutes les parties de détails se feront sentir, et il en résultera à la fin, dans la masse générale, de nouvelles masses, qui, par la marche rapide du pinceau, se trouveront posées à plat, comme l'a été la première. (*Voyez* Pl. V, fig. *c.*)

On agira de même dans les masses d'ombres des parties éclairées, qui seront susceptibles d'autres détails que de ceux déjà indiqués par les clairs que l'ébauche a dû y ménager.

A R T I C L E V.

Premiers coups de force des Rochers.

Les détails des masses ombrées et éclairées étant une fois développés, par de nouvelles masses, on les recherchera encore plus particulièrement, à l'aide d'une teinte plus forte que celle indiquée précédemment, en faisant agir le pinceau plein, dans ces nouvelles masses, par des touches, pour y former de nouveaux détails, et cela toujours avec une marche rapide, qui ne vous fasse pas repasser deux fois au même endroit.

Observation.

Il faut avoir soin que les détails obtenus par les touches du pinceau dans les nouvelles masses, ne soient pas trop multipliées, et que ceux qui tiennent et appartiennent plus particulièrement à ces masses, ne soient qu'indiqués, en évitant qu'ils s'en séparent, et forment d'autres parties qui en soient indépendantes ; il arrive souvent, lorsque ces détails sont trop multipliés, qu'ils détruisent la forme de la masse principale, et qu'alors celle-ci ne présente plus qu'un amas de pierres, rangées les unes à côté des autres, au lieu des parties qui constituent sa forme et son ensemble.

ARTICLE VI.

Seconds coups de force.

Lorsque par les premiers coups de force, et ensuite par quelques recherches particulières dans ces masses de rochers, on sera parvenu à les détacher suffisamment, on les finira par des touches encore plus fortes que les premières, données librement et franchement

ment dans les creux, les trous, les enfoncemens et les parties élevées.

Les touches des parties élevées, telles que
le haut ou la cime des rochers, la crête des
escarpemens, des arrachemens, etc. seront
données avec des tons colorés, et celles des
trous, des enfoncemens, etc. avec des tons
d'encre de la Chine ; ceux-là rapprochent les
objets de l'œil, et ceux-ci, qui n'expriment
que des trous et des enfoncemens, les en
éloignent.

Mais il faut observer que les coups de force
en question, ne doivent avoir lieu qu'après
la couleur, c'est-à-dire, lorsque toutes les
parties colorées du paysage seront à un degré
de vigueur suffisant ; on se trouvera par là, à
mesure qu'on les posera, mieux en état de
juger de leur effet sur le ton général du dessin,
et de sentir quels sont les endroits qui les
exigeront davantage.

Le dessin restera donc au degré d'avancement où l'auront porté les premiers coups de
force, jusqu'à ce que les couleurs soient aussi
arrivées à ce même degré d'avancement.

D'ailleurs, l'effet des couleurs sur les teintes
de lavis, étant d'absorber une partie de leur
force, on en sera plus à même, lorsque les
unes et les autres seront établies, d'apprécier

quelles seraient les parties qui auraient besoin d'être soutenues par quelques glacis (1), ou même par quelques teintes plus fermes que celles que l'on y a employées jusqu'alors, à l'effet d'être d'accord entr'elles, et, dans ce cas, de rétablir cet accord (chose que l'on ne doit jamais perdre de vue), avant de donner les seconds ou derniers coups de force.

Remarque.

Il ne faut pas se dissimuler que, quelqu'attention que l'on ait apportée à mettre le dessin d'accord, par les teintes de lavis, la présence des couleurs vous décelera quelques parties qui n'auront pas acquis le degré d'accord que l'on avait cru leur avoir donné d'abord, et par conséquent, qu'il y aura toujours quelques petits raccordemens à faire pour le maintien de l'harmonie générale, après l'établissement des couleurs. Telle est leur influence et leur effet sur les teintes de lavis.

---

(1) Teintes légères dont on se sert pour soutenir un ton, ou pour assourdir l'éclat de quelques jours trop brillans.

ARTICLE VII.

Des Ravins, des Escarpemens, des Arrachemens, des Berges, etc.

Pour le fini de ces divers objets, on suivra la marche indiquée pour celui des rochers; ils ne diffèrent de ces derniers qu'en ce qu'ils ne présentent que de petites parties moins réunies en grandes masses, que l'on exprime plus librement, plus légèrement, et quelquefois avec ce que l'on appelle des riens, surtout lorsque ces objets sont très-petits.

ARTICLE VIII.

Des Couleurs.

L'établissement des couleurs doit avoir aussi une marche mesurée, afin de n'arriver que graduellement au ton de vigueur et de fraîcheur que l'on desire voir régner dans les plans, et de pouvoir observer (ce qui n'est pas moins important) l'accord des couleurs locales, qui s'obtient par les mêmes principes que ceux de clair-obscur. (*Voyez* n°. 17, Perspective aérienne.) Si pour atteindre ce ton plus promptement, on établit d'abord des teintes trop fortes, on ne pourra plus les retoucher ou y repasser, sans les rendre lourdes ou mattes, de transparentes qu'elles doivent être.

D'après cela, nous allons indiquer la manière qui nous a paru la plus sûre et la plus simple pour réussir.

Article IX.

Ton local.

Lorsque l'on a exécuté les dernières opérations du lavis, l'établissement sur le plan des premières nuances de couleur, consiste à le couvrir en entier d'un ton local, dont l'effet est d'en lier toutes les parties, et de les présenter sous un ensemble général, qui jusques-là ne s'apperçoit que confusément.

Pour y parvenir, on fera deux teintes séparées très-légères, l'une de vert, composée avec l'indigo et la gomme gutte, l'autre de couleur de terre, composée avec le carmin et la gomme gutte.

Ces deux teintes, qui ne doivent être, pour ainsi dire, que des eaux teintées, seront étendues surt out le plan, de la manière suivante.

On prendra deux pinceaux ajustés à la même hampe, l'un chargé de la couleur de terre, l'autre de la couleur verte, et on lavera tout le plan alternativement avec ces deux couleurs, en les fondant l'une dans l'autre ; cependant on ménagera, en passant, les chemins, les eaux, et toutes les parties indiquées à l'art. 11, chap. II.

On observera de mettre plus particulièrement la couleur de terre, sur les pentes des montagnes, sur les rochers, les sables, etc. et la verte sur les prairies et les parties gazonnées, etc.

La faiblesse de ces teintes n'empêche pas que par la suite des opérations, on ne puisse revenir avec du vert dans les endroits où il y aurait une couleur de terre, ou avec celle-ci, dans les endroits où il y en aurait une verte. La différence qui pourrait en résulter, peut être considérée comme nulle ; aussi peut-on faire manœuvrer le pinceau avec beaucoup de liberté, en posant et en fondant les extrémités desdites teintes l'une dans l'autre.

ARTICLE X.

Des Prés.

La teinte locale étant posée, lorsqu'elle sera sèche et le papier bien retendu, on établira sur les prairies une teinte de moyenne force, composée de gomme gutte et d'indigo (1).

Cette teinte sera posée à plat très-uniment, et elle sera plus bleuâtre à mesure que les parties sur lesquelles on la posera s'éloigneront de la base du plan, et plus jaunâtre à mesure qu'elles s'en rapprocheront.

Lorsque cette première teinte sera bien sèche, on reviendra dessus, avec une seconde un peu plus forte, et par des touches données parallèlement à la base; l'effet de ces touches est, 1°. d'empêcher la monotonie de la teinte plate; 2°. d'exprimer les touffes d'herbes qui varient la surface des prairies.

Ces touches doivent être données librement, légèrement, et à quelque distance les unes des autres; on en lie plusieurs ensemble, pour

---

(1) Si on ne préfère le bleu de Prusse; mais cette couleur est sujette à pousser au noir, et est moins facile à employer que l'indigo, qui ne change jamais.

étendre quelques-unes des touffes dont on vient de parler, et cela, de manière à ce qu'elles soient placées avec goût et sans affectation, et en faisant en sorte de ne pas repasser le pinceau une seconde fois sur l'endroit qui vient d'être mouillé.

Après ces premières touches données, et lorsqu'elles seront bien sèches, on revient par de nouvelles sur les endroits qui ne paraissent pas assez unis, ou dans les trop grands vides que celles-là auraient pu laisser.

En donnant les secondes touches, on peut varier la teinte avec laquelle on les donne, en la tenant plus ou moins jaunâtre, et quelquefois même toute jaune ; par ce moyen, on évite la monotonie de ton, et on met de la variété.

Enfin, on parvient à finir les prairies, d'abord par de petites retouches de différentes nuances, avec l'attention de ne pas fatiguer la couleur en les multipliant trop, et, en dernier résultat, par un léger glacis d'indigo sur le tout.

L'effet de ce glacis, posé à grands coups de pinceau plein, est de mettre de l'accord et de la liaison entre les retouches et le fond, et de faire que les retouches et le fond paraissent n'être faits que d'une seule et même pâte.

On procédera de même pour toutes les parties de verdures, etc.

ARTICLE XI.

Des Bois.

La couleur des bois doit être aussi amenée par gradation au point de force qui lui convient, pour les exprimer avec fraîcheur et avec vigueur; conséquemment, on ne les couvrira d'abord que de teintes d'une moyenne force, sur lesquels on reviendra ensuite, pour les fortifier et les porter au ton qu'elles doivent avoir; et pour cela, il suffira d'y repasser une ou deux fois.

La couleur générale des bois est d'autant plus agréable, qu'elle est variée; les divers tons que l'on emploie pour imiter cette variété, en donnant de l'agrément au dessin, facilitent tellement le détail des groupes d'arbres pour les oppositions répétées et différemment combinées qu'ils peuvent fournir, qu'il serait mal-adroit de ne pas user d'un moyen qui réunit l'agréable à l'utile.

Ainsi donc, on fera bien de mettre beau-

coup de variété dans les tons des arbres, sur-
tout de ceux qui se rapprochent le plus de
la vue, pourvu toutefois qu'elle soit amenée
avec intelligence et goût.

Le carmin et la gomme gutte fourniront
les tons plus ou moins dorés, ou plus ou
moins rougeâtres, etc. et les autres tons seront fournis par des mélanges diversement
combinés de bleu et de jaune.

Pour exprimer avec succès ces variétés, on
observera d'en annoncer les premiers tons
par des teintes de moyenne force, conformément à ce qui a été dit précédemment ; on
reviendra ensuite dessus avec les mêmes tons,
pour les augmenter par degrés, etc.

Les différens tons de vert des bois étant
portés au degré de vigueur convenable, on
recherchera plus particulièrement les détails
de leurs masses, tant dans les parties ombrées,
que dans celles qui sont éclairées, avec de
l'encre de la Chine. (*Voyez* l'art. 8, chap. Ier.)

Ces recherches consistent à prononcer et
à décider davantage, par des touches de pinceau librement et franchement données, certaines choses exprimées trop vaguement.

Les dessous, les enfoncemens, les petits
trous que forment les différentes masses entre
elles, leur liaison, le passage ménagé d'un

ton ou d'une opposition à une autre, le sa-crifice de celle-ci en faveur de celle-là, leur accord enfin, sont les objets sur lesquels portent les recherches en question.

Pour finir entièrement les arbres, on repassera ou on reprendra leurs pieds avec un pinceau fin, chargé d'une couleur forte de terre d'ombre, composée de bistre, de carmin, de gomme gutte, et d'encre de la Chine; et avec cette même couleur, on donnera par-ci par-là, des petites touches sèches, dans les endroits qui ont été recherchés en dernier lieu, et par-tout où on les croira nécessaires; cependant on observera de les distribuer avec discrétion, de ne pas trop les multiplier, parce qu'alors elles saliraient les teintes locales, au lieu de contribuer à leur donner de l'éclat.

La plupart de ces touches ne doivent être que des points à peine de la grosseur d'une pointe d'aiguille; l'intelligence et le goût avec lequel elles seront distribuées, et leur opposition de ton avec le vert, contribuera plus que toute autre chose à donner à cette dernière couleur du brillant et de la fraîcheur (1).

______

(1) On teintera le vide ou les intervalles qui se trouvent entre les groupes d'arbres des bois et forêts,

Cela fait, on donnera un petit coup d'ombre au pied de chaque arbre, avec la même couleur de terre, dans la masse même d'ombres déjà établie par suite des opérations précédentes du lavis.

Mais pour marcher avec ordre, on fera bien de n'employer les dernières touches de terre d'ombre, que lorsque l'on en sera aux seconds coups de force des escarpemens, des rochers, etc. lesquels ne doivent être donnés que lorsque toutes les parties colorées du plan ont acquis le degré de vigueur qui leur convient respectivement. (Art. 6 de ce chap.)

Tout ce qui vient d'être dit pour le fini des bois, est applicable aux arbres isolés, aux haies, aux buissons, etc.

---

d'une couleur de terre, que l'on rompra ensuite avec des tons de mousse ou de vert plus ou moins entiers, pour en faire le fond ; par ce moyen, le fond sera aussi en opposition avec le vert des arbres et le fera valoir ; mais cette opération doit précéder celle qui se décrit dans cet article.

ARTICLE XII.

Des Terrains dépouillés de verdure.

On fortifiera aussi par degrés les tons des terrains dépouillés de verdure ; tels qu'on en voit exister dans les plaines arides, sur des montagnes, sur certaines pentes escarpées, aux bords des rivières sujettes à des inondations considérables ; et on les liera et mettra en harmonie avec les objets dont ils seront environnés.

S'il y a des différences marquantes entre ces tons, si les uns sont plus jaunâtres, plus rougeâtres, ou plus blanchâtres que d'autres, on les fera sentir autant qu'il sera possible.

On y exprimera aussi par-ci, par là, quelques touffes d'herbes ou de broussailles, ainsi qu'il s'y en rencontre presque toujours ; quelque soit la maigreur et l'aridité de ces terrains, cela sert à les varier, à en bannir la monotonie ; mais il faut faire en sorte de n'en point détruire la masse, en multipliant trop ces objets.

Les sables se distingueront par une couleur plus dorée, et par une espèce de pointillé leger, fait au pinceau.

ARTICLE XIII.

Des Terrains cultivés.

Le fini des terrains cultivés, s'opère par un travail qui indique qu'ils sont ou qu'ils ont été labourés.

ARTICLE XIV.

Des Terres labourées.

Pour exprimer les terres labourées, on sillonne l'espace de terrain qu'elles occupent, avec une plume émoussée ou un pinceau fin; les sillons en sont plus doux, moins secs et moins roides au pinceau qu'à la plume, et on les fait sur la teinte locale, qui doit être assez forte pour leur servir de fond.

On distribue le terrain en différentes pièces, s'il ne l'est pas déjà, par des haies ou des fossés; si les haies ou les fossés renferment de grands espaces, on distribue encore ces espaces en plusieurs autres, de différentes grandeur, et généralement de forme plus longue que large.

Lorsque la distribution des pièces peut se faire à volonté, il faut les disposer dans le sens parallèle à la base du plan, qui est celui dans lequel les objets se présentent naturellement, et décrivent à nos yeux des lignes horizontales ; cette disposition d'ailleurs, plus propre à faire sentir l'ensemble, le raccordement et l'agencement des terrains, que ne l'est celle de les distribuer dans tous les sens, et souvent de la manière la plus bizarre, comme le prescrivent plusieurs auteurs, ne change rien aux localités ; l'œil les parcourt sans obstacle, et sans être arrêté par un arrangement de caprice, qui, à chaque distance, lui présente des équivoques, et rompt cet ensemble, que, jusques-là, on s'est efforcé de lui offrir, et qu'il ne retrouve plus.

D'après ces considérations, et pour employer tous les moyens qui peuvent concourir à l'harmonie générale (pour laquelle on n'a rien fait si quelque partie du plan vient à la détruire), on disposera les pièces de labourage, de manière à ce que le côté long soit parallèle à la base : toutes les fois cependant qu'une première disposition locale ne s'y opposera pas.

Cette disposition parallèle des pièces de labourage, s'observera dans les plaines, les vallons, sur les montagnes et sur leurs pentes ; elle contribuera singulièrement à faire sentir ces pentes, et à les raccorder avec la plaine qui vient se lier à leur pied.

On objectera peut-être qu'il n'est pas naturel de sillonner les pentes des montagnes dans le sens du roide de leurs pentes, qui souvent est inaccessible à la charrue ; cette objection s'évanouit, si l'on considère, 1°. qu'il est seulement question d'indiquer qu'une pente de montagne est en labourage ; 2°. qu'il est indifférent que cette indication soit faite dans un sens ou dans une autre ; 3°. enfin, que les cartes topographiques ne sont pas des plans terriers.

Le contour de chaque pièce de terre sera indiqué légèrement au pinceau, par un trait tremblotté moëlleux, et qui n'ait rien de roide ni de sec ; les extrémités de ces pièces se terminent ordinairement à angle droit, sur-tout dans les plaines, où les distributions ont pu en être faites avec régularité de mesures ; si elles sont irrégulières, on en voit la cause dans celle de la disposition des localités voisines. Ainsi, dans cette indication, on aura égard à toutes ces choses.

Lorsque le contour des pièces de labourages sera tracé, comme nous venons de le dire, on les sillonnera au pinceau parallèlement à leurs longs côtés, en observant que ces sillons, à peu de distance les uns des autres, soient aussi un peu tremblottés, et qu'à leurs extrémités, ils se raccordent avec les pièces voisines, d'une manière douce, et qui ne soit ni trop tranchante, ni aussi trop indécise.

Le sillonnement se fait avec différentes couleurs, pour exprimer, 1°. les terres en sombres qui sont herbeuses; 2°. celles qui sont fraîchement labourées; 3°. celles qui sont en blé vert; 4°. celles qui sont en blé mûr ou prêt à sécher; 5°. celles qui sont en jachères; enfin les légumes qui viennent en plein champ, tels que les pois, les navettes, les fèves de marais, le blé de Turquie, le tabac, etc.

Si l'on veut faire entrer dans son plan toutes ces diversités, il faut le faire avec beaucoup de ménagement, pour éviter le papillotage, dont l'effet est toujours discordant; mais il vaut mieux, en général, en négliger quelques-unes, que de tomber dans cet inconvénient.

Les pièces que l'on sillonne à côté les unes des autres, ne doivent pas être de la même couleur, disent plusieurs auteurs; il s'ensuivrait donc, qu'un grand canton de terrain, divisé en beaucoup de parties, semées en même

même saison et en même espèce de blé, par chacun des propriétaires (comme cela se pratique), devrait être varié d'autant de couleurs que ce canton contiendrait de parties, quoique sa couleur soit par-tout la même ; ce n'est pas là ce que veut la nature ; un tout, composé de parties qui ont été semées dans le même tems, ne peut se présenter qu'au même degré de verdure ou de sécheresse.

On peut conclure de l'opinion dont il s'agit, que ses auteurs ne connaissaient l'effet des oppositions qu'en petites parties, et qu'ils ne connaissaient pas l'avantage qu'elles procurent en grandes masses ; de plus, qu'ils n'avaient pas assez réfléchi sur l'usage établi d'ensemencer les terres chaque année par grandes parties (ou, en terme vulgaire, par tournure), pour en faciliter la garde en commun.

En général, la campagne est toujours partagée en cantons ensemencés et en d'autres qui ne le sont pas : ce qui produit des oppositions en grandes masses, que les variétés dont elles sont susceptibles ne détruisent pas.

Cela posé, on ne craint pas d'avancer que la seule manière d'exprimer les terreins en culture, est celle que nous indiquons, et que d'oppositions bien entendues, et de terres labourées bien faites, dépendent ces effets, qui contribuent, en majeure partie, à l'agrément et à la perfection de paysage-plan.

On ne peut passer sous silence un autre précepte des mêmes auteurs, qui consiste : » à ne point mettre bout à bout les sillons de » différentes pièces, à moins qu'elles ne soient » séparées par un chemin, par une haie, » ou par un ruisseau ; ce n'est pas qu'il ne » s'en trouve de même dans les champs ; » mais sur un plan, une pareille rencontre » fait un mauvais effet ».

La question est de savoir pourquoi cela fait un mauvais effet ; nous ne le sentons pas ; tout ce que nous sentons, c'est que le mauvais effet que font quelques parties d'un objet d'imitation quelconque, est toujours produit par le peu de conformité qu'elles ont avec celles de la nature que l'on a voulu imiter, et que l'on ne fait jamais mieux que de suivre ce qu'elle nous indique ; nous disons même, que l'on doit toujours s'efforcer de l'imiter, jusques dans ses bizarreries.

Ainsi, loin de convenir de ce prétendu mauvais effet, nous croyons que le raccordement des sillons bout à bout, lorsqu'il a lieu, ne peut que favoriser celui qui doit régner dans la division par pièces des terrains en culture, laquelle division, bien entendue, ne doit être indiquée que faiblement, et même quelquefois vaguement, comme le présente la nature elle-même ; nous sentons enfin, que prononcer rigoureusement chaque pièce de terre, et d'une manière affectée, c'est tomber dans le papillotage, qui produit réellement un mauvais effet.

ARTICLE XV.

Des Vignes et des Houblons.

On donnera sur les échalats des vignes, quelques touches sèches de vert, avec un pinceau, et un petit coup de terre d'ombre au pied ; les touches de vert croiseront l'é-chalat un peu obliquement.

Les coups de vert seront plus répétés sur les échalats des houblons, ayant plus de hauteur, et feront la pyramide ; ces échalats recevront aussi un petit coup d'ombre au pied ; le fond rougeâtre des vignobles et des houblonnières, doit avoir été établi par la teinte locale indiquée, art. 9 de ce chap. Si ce fond était trop indécis, on le décidera davantage, en y repassant de la couleur, avant de donner les touches de vert sur les échalats.

ARTICLE XVI.

Des Jardins.

On finit les jardins, en sillonnant les petits compartimens qui forment leurs distributions comme on sillonne les terres labourées, mais beaucoup plus finement; on en varie les couleurs, auxquelles on conserve le plus de fraîcheur que l'on peut; les parties de bosquets, d'arbres ou de charmilles, lorsqu'il y en a, se traitent par les mêmes procédés que ceux indiqués pour les arbres, en général.

ARTICLE XVII.

Finir les Eaux.

Le fini des eaux, en général, consiste dans l'expression de leur transparence, dans l'accord de leurs parties entr'elles, et avec ce qui les environne, soit que ces parties soient claires ou obscures, et enfin dans ce qui peut les faire participer et les faire concourir à l'harmonie genérale de la nature, qu'on a voulu imiter.

A R T I C L E XVIII.

Des Rivières, Étangs, Lacs et Marais.

La largeur des rivières étant soumise à la grandeur des échelles, d'après lesquelles les plans où il en existe sont construits, est toujours si resserrée, soit par leurs propres dimensions, soit par celles que leur donnent les échelles, qu'il n'est guère possible d'exprimer les détails de leurs superficies, comme il conviendrait que cela fût, si elles avaient une certaine étendue en largeur; il en résulte, qu'on est réduit à en exprimer ce que l'on peut, à raison de leur largeur. Ainsi, les rivières qui en ont le plus, sont les plus susceptibles des détails en question; ceci entendu, et d'après les idées que l'on a essayé de donner de leur effet général, et de celui de leurs parties, art. 9 et 10, chap. II, en parlant de leur préparation, on s'occupera de les finir le plus conformément à ces idées qu'il sera possible, et de la manière suivante.

On couvrira la rivière d'une teinte plate d'indigo très-légère, sur laquelle, lorsqu'elle sera sèche, on reviendra avec une autre un peu plus forte, par des touches ou méplats, pour exprimer les détails de sa superficie ; les touches ou méplats seront donnés franchement et horizontalement ; lorsqu'elles seront sèches, on reviendra dessus par des secondes touches pour les fortifier, sur-tout du côté de la rive ombrée, en faisant attention, lorsqu'on les donnera, de ne faire que repasser sur les premières, sans les étendre davantage, afin qu'elles aient l'air d'avoir été données d'un seul coup franc.

Après cela, si la rivière est trop claire, on repassera dessus une seconde teinte plate, et lorsqu'elle sera sèche, on mettra les différens détails qu'on y aura exprimés d'accord, tant entre eux qu'avec les objets voisins, soit avec des glacis d'encre de la Chine, soit avec des tons locaux pareils à ceux des objets environnans, ou d'indigo pur, etc.

Cette dernière opération doit être faite avec beaucoup de ménagement et de légèreté, afin de ne pas trop fatiguer la couleur, qui, dans ce cas, perd sa fraîcheur et sa transparence.

Lorsque l'on met les teintes plates, il faut avoir attention de tenir la partie de la rivière qui est voisine de la base plus claire que celle qui s'en éloigne, et même lorsqu'elle en est très-près, ou qu'elle y touche, de laisser, avant d'arriver tout-à-fait à son extrémité, quelques brillans du blanc pur du papier, afin d'observer, 1°. une dégradation de jours; 2°. les parties qui réfléchissent plus de rayons de la lumière, lesquelles se manifestent davantage sur le devant.

Les détails des rivières que l'on doit s'attacher à exprimer plus particuliérement, sont des espèces de petits plateaux qui coulent en tournoiant sur leur superficie, et qui sont produits par le mouvement de leur cours; ces plateaux sont plus ou moins prononcés, suivant que ce mouvement est plus ou moins fort ; ils doivent être arrangés d'une manière irrégulière, mais agréable à l'œil, et qui en empêchant la monotonie des touches toujours horizontales, exprime l'intensité de l'écoulement des eaux.

Lorsque les rivières sont très-étroites, les détails dont on a parlé précédemment, deviennent impossibles à faire sentir ; on est réduit alors à les exprimer par des teintes plates, que l'on fait en sorte de raccorder du côté ombré, le mieux que l'on peut, et sans les salir, avec quelques tons d'encre de la Chine, ou avec d'autres tons convenables.

S'il ne s'agit absolument que d'un ruisseau, il suffit d'une simple teinte plate.

Les chutes ou cascades dans les hautes

montagnes, fournissent des détails (*V*. Pl. VII.) bien différens de ceux des rivières; l'écoulement qui se fait de leurs eaux, par les parties de terrain plus ou moins inclinées vers l'horizon qu'elles parcourent après leur chute, est toujours accompagné d'une grande agitation, causée par le mouvement précipité de leur cours : c'est ce qui leur fait donner le nom de torrens; elles passent à travers des rochers, des cailloux, sur des ressauts de terrains, etc. qui, les agitant de plus en plus, en varient les détails à l'infini; on ne peut les exprimer tous, mais on les fait sentir dans la masse le mieux qu'il est possible; les espèces de petites vagues dont leur superficie est couverte, décrivent une sorte de sillonnement parallèle aux différens contours de leur lit, et aux différens obstacles qu'elles rencontrent à leur passage; ces petites vagues produisent, à certains endroits, des luisans très-vifs, et roulent avec elles des parties d'écume, formées par les grandes chutes ou par elles-mêmes, lesquelles facilitent les moyens de les exprimer; la manière doit en être libre et franche; et de quelque nature qu'en soient les détails, ils doivent toujours être soumis aux effets et à l'harmonie aérienne.

Les lacs et les étangs dont les eaux sont

calmes (Pl. VII.), se finissent par des touches horizontales données après les teintes plates précédemment indiquées; la monotonie provenant de l'horizontalité de ces touches, doit y être aussi rompue, par des parties plus ou moins claires, que la lumière forme toujours sur leur surface, quelqu'en soit le degré de calme ou de tranquillité; tous les travaux que l'on fait pour exprimer le lisse de ces superficies tranquilles, doivent être extrêmement doux, liés et fondus les uns dans les autres, mais cependant d'une manière libre.

Les flacques d'eau des marais s'expriment de même, en laissant comme pour les lacs et les étangs, les parties les plus claires sur le devant, c'est-à-dire, sur ce qui est le plus près de la base; ces flacques d'eau sont communément entourées de verdure ou de sables, ou de l'une et de l'autre alternativement.

ARTICLE XIX.

Moment de donner les derniers coups de force.

Lorsque les bois, les terres labourées, les prés, les rochers, les eaux, et généralement toutes les parties du paysage-plan, sont au même degré de fini, et que par l'accord qui règne entre eux, ils sont liés à l'ensemble et à l'effet général d'une manière satisfaisante, le moment de donner les seconds ou derniers coups de forces est arrivé. (*Voyez* l'art. 6 de ce chap.)

L'objet des coups de forces en question, est de mettre des fermetés dans les masses d'ombres et dans les masses éclairées, de décider davantage certains objets, de présenter à l'oeil, sans équivoque, toutes les parties du plan, tant en masse qu'en détail, et de déterminer définitivement l'effet général dont il est susceptible.

Ces coups de force doivent être donnés franchement, mais d'une manière moëlleuse et large, sur-tout dans les endroits qui sont préparés grassement : de plus, il ne faut les donner qu'à propos, ne point trop les multiplier, et ne point revenir deux fois sur la même touche. (*Voyez* Pl. V, Fig. *d.*)

Les tons de couleur que l'on emploiera à cet effet, sont indiqués n°. 6 de ce chap.

A R T I C L E   X X.

Glacis général.

Après les coups de force donnés, on étendra sur tout le plan, un glacis d'indigo, d'une teinte extrêmement légère; cette teinte doit être posée rapidement avec un gros pinceau plein.

Ce glacis enveloppe la touche, lie, adoucit le passage d'un ton à un autre, et répand sur tout le plan ce vernis ou ce ton aérien, qui indique la présence de l'air, sans lequel il n'existe point de véritable imitation de la nature.

A R T I C L E   X X I.

Laver les Plans particuliers d'Architecture.

Lorsque le glacis dont on vient de parler sera sec, on lavera à plat les plans particuliers des maisons des villes, des villages, et généralement tout ce qui sera maçonnerie, avec du carmin; on distinguera par une teinte plus forte, les principaux édifices, tels que les arsenaux, les magasins à poudre, les casernes, les monumens publics, etc.

Lorsqu'il y a des parties de fortification permanente ou passagère, les glacis, les fossés, les talus intérieurs des remparts, etc. ont dû être ombrés, colorés et raccordés avec et en même tems que les terrains qui en sont voisins, et qui les touchent.

A l'égard des camps ou des marches d'armées, qui seraient marqués sur le plan, on lavera aussi à plat les rectangles qui représenteront les corps d'infanterie et de cavalerie dont lesdites armées seront composées, avec la couleur convenue, pour indiquer telle ou telle arme, et telle ou telle nation.

SECONDE PARTIE.

CHAPITRE IV.

DU GENRE HEURTÉ.

ARTICLE Ier.

Le genre heurté, applicable aux reconnaissances militaires, consiste dans la manière de figurer et de faire sentir l'ensemble et les détails d'une carte, par une espèce de croquis indicatif des choses qu'il est nécessaire de connaître, pour la conduite des opérations d'une campagne.

En supposant que les principaux points d'un pays sont déterminés d'avance, cet objet peut être rempli par un croquis spirituellement fait, et n'exige que très-peu de tems; cependant il en exige encore une certaine portion pour être intelligible.

Mais lorsqu'à la guerre, sous les yeux même de l'ennemi, il faut, dans le plus court délai, rendre compte d'un pays, et que, pour cet effet, vous n'avez aucunes données, ni ne pouvez faire usage d'aucun instrument, et, par cette raison, établir des distances, que par approximation ; lorsque le voisinage de l'ennemi vous empêche de parcourir le terrain suffisamment, si ce n'est avec des escortes, qui souvent sont embarrassantes, et vous font perdre du tems ; enfin, lorsque vous êtes réduit à figurer à vue, avec la plus grande célérité, et l'ensemble, et les détails relatifs à votre objet, l'opération est alors la chose du monde la plus difficile à pratiquer, si même elle est praticable, en admettant tous ces défauts de moyens, et que vous ne soyez aidé que de votre seule intelligence et de votre crayon.

En effet, supposons que l'on soit parvenu à faire un canevas indicatif de la place des choses principales, ce canevas ou croquis ne sera d'abord entendu que de celui, tout au plus, qui l'aura en quelque sorte charpenté, jusqu'à ce qu'il ait trouvé le moment de le retoucher, pour le rendre intelligible avant de le présenter : ce qui allonge l'opération avant qu'elle puisse être de quelque utilité ; de plus, elle doit être accompagnée d'un mémoire explicatif, qui, pour être bien fait, exige encore un certain tems et une connaissance réelle du pays. Mais, d'une part, on ne l'a pas ce tems, et on ne peut l'avoir, vu qu'il est limité par les circonstances ; d'une autre part (à moins que l'on ne possède le don de deviner), on est sans moyens pour se procurer la connaissance suffisante du pays, d'après laquelle le mémoire doit être rédigé. Quelles seront donc les bases réelles sur lesquelles et le mémoire, et le croquis seront établis ? Ne peut-on pas conclure, de tout ceci, qu'une reconnaissance faite de la manière dont il s'agit, serait plus propre à faire manquer une opération militaire qu'à la faire réussir, et que prétendre qu'un travail de cette nature soit l'affaire de quelques instans, c'est demander l'impossible, sur-tout si on n'a pas quelques moyens d'arriver à un résultat certain, ou au moins quelques connaissances antérieures du pays.

Il est constant que l'on ne fait rien de bien, si on n'y met le tems convenable, principalement pour les choses qui, si elles ne demandent pas toute l'exactitude géométrique, en demandent assez pour faire éviter des erreurs considérables.

Cependant ces erreurs seraient en grand nombre et très-dangereuses, avec la manière d'opérer dont nous venons de parler.

Pour s'en convaincre, il suffira (faisant abstraction du mémoire) de jeter un coup-d'œil sur le croquis supposé. Que présentera-t-il d'abord? Quelques traits de crayon, quelques hachures dans différens sens, qui ne forment point d'ensemble, qui ne figurent rien, qui sont tellement confuses et indécises à certains endroits, que l'auteur même aura peine à s'y reconnaître, lorsqu'il en sera à le débrouiller, pour en donner l'intelligence à d'autres qu'à lui. La raison toute simple en est, qu'ayant parcouru le pays à cheval, pour plus de célérité, il n'a pu estimer la distance d'une station à une autre, que la montre à la main, ou au pas du cheval; or, dans ces sortes de courses, l'allure du cheval n'est pas uniforme, ayant lieu alternativement au pas, au trot, ou au galop; cependant il faut qu'il en ait apprécié les variations. Comment a-t-il pu le faire convenablement, préoccupé qu'il a dû être, en même tems du figuré du terrain, et de la détermination (dans un clin-d'œil), par le calcul, du point de station où il se trouvait, sans tomber dans une erreur et une confusion, d'autant plus grandes, qu'elles naissent de la difficulté de raccorder des parties de terrains qui ne sont point à leur place respective, et qui n'ont point les

dimensions

dimensions qu'elles doivent avoir, par le défaut de précision dans les distances.

D'après ce court exposé de l'inexactitude
d'un pareil procédé, nous nous croyons dis-
pensés d'en donner ici des exemples, que la
gravure même serait peu susceptible de rendre,
et qui d'ailleurs n'offriraient rien d'utile; nous
nous bornerons seulement à inviter les ingénieurs à ne l'employer que lorsqu'ils seront
absolument dépourvus de tout autre.

Le moyen le plus sûr, selon nous, de parvenir à remplir l'objet important des reconnaissances militaires, est celui d'avoir les
principaux points du pays arrêtés d'avance,
pour n'avoir plus qu'un remplissage de détail
à faire à vue; c'est alors qu'on pourra y mettre
plus de célérité, et en même tems l'exactitude
convenable, puisque l'on aura déjà avec précision les principales distances, que l'on ne
peut se dispenser de connaître, et qu'il est si
difficile, pour ne pas dire impossible, de déterminer à vue.

ARTICLE II.

Exprimer une Carte dans le Genre heurté.

Nous supposons que les principaux points
de la carte sont arrêtés, et qu'il n'est plus
question que de remplir à vue leurs intermédiaires.

En les parcourant, on en indiquera les
détails essentiels, au crayon ou à la plume,
de manière à faire sentir la nature et le genre
de chaque chose ; la touche en sera spirituelle,
facile, et toujours dirigée par les principes
établis pour le genre fini, c'est-à-dire, que
la liberté avec laquelle les diverses parties de
ces cartes seront exprimées, en fera seul la
différence, mais que l'on doit constamment
s'attacher à en faire sentir la liaison et l'agencement, pour en former un ensemble général.

Il ne sera guères possible d'arrêter le figuré
du terrain, que l'on aura parcouru rapidement, sur-tout si on l'a parcouru à cheval ;
mais la tournée faite, on le retouchera, soit
à la plume, soit au pinceau (suivant le tems
dont on pourra disposer), pour le rendre
le plus intelligible qu'il sera possible.

La plume semble être le moyen le plus expéditif pour ces sortes d'opérations ; cependant il devient long, si l'on a à exprimer des masses d'ombres d'une certaine force et d'une certaine étendue ; ainsi, dans ce cas, il faut avoir recours au pinceau, qui, en deux ou trois touches, opère plus d'effet que ne feraient des milliers de traits de plume.

En général, les teintes de lavis font très-bien sur le premier travail de la plume, ne fussent-elles simplement que d'encre de la Chine ; et c'est même à cela qu'il faut se borner dans les occasions dont il s'agit, l'emploi des couleurs exigeant un soin et du tems, dont on manque.

Ainsi, pour l'expression d'une carte dans le genre heurté, il faudra; 1°. en annoncer les différentes parties au crayon ; 2°. arrêter le premier trait de crayon à la plume, de manière à ce que chaque objet soit caractérisé comme il convient qu'il le soit, pour être reconnu ; 3°. employer le pinceau, afin de faciliter l'ensemble et la liaison des diverses parties de terrain, et de s'épargner le tems qu'exigerait le travail de la plume, pour produire le même effet.

Observation.

On demandera peut-être comment on pourra se procurer les principaux points du pays, lorsque l'on sera pressé, lorsque l'on n'aura pas les instrumens nécessaires, ou enfin lorsque, dans le cas où on s'en serait pourvu, la présence de l'ennemi ne vous laisserait pas le loisir d'en faire usage.

Voici notre réponse; le seul parti à employer dans ces circonstances embarrassantes, est de prendre sur les cartes géographiques, dont fait partie le pays occupé par l'armée, les points dont on a besoin, en grandissant les échelles proportionnellement au format que l'on se sera proposé.

Les officiers-généraux et leur état-major sont toujours pourvus, comme on sait, des cartes générales des pays où l'on porte la guerre; celles des frontières qui en ont été, et qui en sont constamment le théâtre, depuis des siècles, sont, en général, plus détaillées, et, par cette raison, très-propre à l'objet en question.

Voilà encore du tems, dira-t-on, sans doute; mais pourquoi ne se précautionnerait-on pas d'avance, et pourquoi le porte-feuille des géographes, chargés des reconnaissances militaires, n'est-il pas garni de ces sortes de choses?

L'ouverture d'une campagne a ses préliminaires ; elle exige des préparatifs de tout genre ; pourquoi cet objet important n'en seroit-il pas susceptible, et serait-il négligé?

Nous croyons, au contraire, que non-seulement il en est susceptible, mais qu'il mérite une attention particulière des administrations à qui le dépôt des cartes militaires est confié par le gouvernement.

Voici quelles sont nos vues à cet égard ; nous les hasardons avec l'intention que tout patriote zélé doit avoir pour le bien général de son pays ; nous les soumettons au jugement et à l'expérience de ceux qui, par état, sont plus versés que nous dans les connaissances géographiques, et conséquemment plus à même de décider de la possibilité de leur exécution ; enfin nous ne les présentons que comme de simples apperçus.

On possède dans les divers dépôts de plans, de cartes militaires, de limites, etc., une quantité de cartes très-bien détaillées, et où aucun village, aucun hameau, et aucune des choses essentielles n'est omise, quoiqu'elles soient établies sur des échelles très-petites.

Ne pourrait-on pas grandir ces cartes par parties, pour rendre chacune d'elle susceptible des détails qu'exige le genre topographique proprement dit, au moyen d'échelles plus grandes, ou avec le pantographe, etc.

La carte entière d'un pays où se trouve le théâtre de la guerre, étant ainsi grandie par parties, d'un format portatif et maniable, serait envoyée ou confiée aux ingénieurs chargés des reconnaissances militaires à l'armée, en même tems que les cartes générales sont également confiées à l'état-major avant leur départ pour une expédition quelconque; il en résulterait que sur tous les points du pays où l'armée s'avancerait, les ingénieurs seraient à même d'en faire la reconnaissance tout de suite, sans être arrêtés par aucune opération préliminaire.

Le format qu'il conviendrait peut-être d'adopter, pour grandir chaque partie de la carte, serait le huitième de la feuille de grand aigle; ce format ne serait point embarrassant pour opérer le figuré du terrain, qui se fait, comme on le sait, le plus souvent, à mainlevée, et, pour ainsi dire, en l'air, sans autre point d'appui que la main qui ne tient pas le crayon; s'il était plus grand, il serait difficile et embarrassant à manier, et d'ailleurs ne serait point propre à être placé dans le porte-feuille portatif du général.

Il ne faudrait point faire de bordure à ces parties de la carte générale, ainsi transformée du petit au grand, afin qu'en en assemblant plusieurs, les unes à côté des autres, on pût voir l'ensemble d'une plus grande étendue de terrain, à droite, à gauche et en avant, lorsqu'elles seraient de suite ; leur assemblage définitif pourrait s'en opérer après, en les collant sur toile, comme on le fait pour les plans des grandes villes, etc. ; mais cela suppose du tems de reste.

Si on se sert du pantographe pour cette transformation, on pourra en tracer quatre à-la-fois sur une demie-feuille de grand-aigle ; on les recoupera ensuite bien nettement à angle droit ; cette manière est peut-être la plus convenable, afin d'avoir des raccorde-mens plus justes.

Quelques dessinateurs manœuvrant bien cet instrument, feraient, en peu de tems, un nombre considérable de ces transforma-tions.

Cette opération (qui sans doute ne serait pas la moins utile dans les bureaux desdits dépôts), pourrait avoir lieu même en tems de paix, afin qu'on pût se trouver toujours en mesure sur cet objet, et la conduire avec plus de soin et plus d'ordre.

La continuité de ce travail deviendrait interminable, s'il fallait, à l'ouverture de chaque campagne, à chaque mutation d'ingénieurs ou de l'état-major des armées, recommmencer et reproduire de nouveau les mêmes choses, et occasionnerait une surcharge de travail, qu'il serait difficile de conduire sans confusion, et qui ôterait, en grande partie, les moyens de satisfaire à tems aux demandes réitérées et aux besoins des armées sur ces objets.

Pour éviter ces inconvéniens, il faudrait faire graver toutes ces parties grandies des cartes générales, à mesure que les dessinateurs préposés à cet effet les fourniraient; par ce moyen, on s'en procurerait d'abord un certain nombre d'épreuves, et on en ferait tirer ensuite successivement de nouvelles, lorsque les premières seraient épuisées, pour ne point se trouver au dépourvu, et pour ne point recommencer sans fin une besogne déjà faite.

La dépense en gravure serait peu considérable, parce qu'il ne s'agirait que d'indiquer la place de telle ville ou de tel village, le cours des rivières, la direction des grands chemins, celle des canaux, etc., les cartes générales dont nous parlons n'étant guères susceptibles d'autres détails.

A cette dépense, on aurait à ajouter celle de la lettre, parce qu'il faudrait à côté de chaque objet faire graver son nom.

Les ingénieurs à qui on les enverrait, pourraient de suite opérer dessus, si on prenait la précaution de faire aluner le papier sur lequel les épreuves seraient tirées ; à ce défaut, ils en seront quittes pour les calquer ou pour les piquer : ce qui sera l'affaire d'un instant, etc.

Article III.

Exprimer le terrain par la vue à vol d'oiseau.

Lorsqu'une foule de raisons empêchent que l'on ne puisse représenter le terrain des reconnaissances militaires tout-à-fait en plan, on le dessine à vue tel qu'il se présente naturellement; on choisit pour cela les points voisins les plus élevés, afin d'en découvrir une plus grande étendue, que l'on puisse détailler d'une manière instructive.

Ces points élevés sont les montagnes, les clochers, les châteaux, les arbres même, si on ne trouve rien de plus commode.

Les dessins que l'on fait de ces points élevés sont appelés vues à vol d'oiseau ; plus le point d'où ces vues sont prises est élevé, plus elle sont conformes à cette dénomination, et plus elles se rapprochent du plan, plus aussi elles deviennent instructives.

Lorsque d'une première station on a dessiné tout ce qui est en avant de soi, et qu'à une certaine distance, les objets deviennent trop vagues et trop confus pour être distingués, on se reporte à un autre point en avant du premier, pour se rapprocher des objets en question le plus qu'il est possible ; et pour de-là en faire une autre vue, qui fasse connaître ce que la première n'a fait qu'indiquer confusément ; on pourra successivement faire la même opération, en avant, à droite et à gauche, si l'on trouve des positions convenables ; alors il en résultera un nombre de dessins qui pourront suppléer, jusqu'à un certain point, au défaut de plans des terrains qu'ils représentent.

La difficulté de ce genre de dessin est particulièrement de faire l'ensemble juste du terrain.

La justesse de l'ensemble s'obtient par le rapport respectif des objets entr'eux, suivant la place qu'ils occupent, à des points plus ou moins rapprochés de l'œil; un premier objet placé sert d'échelle de comparaison pour tous les autres; on les établit d'abord en masse, et on les détaille après autant qu'il est nécessaire, et autant que le tems que l'on peut y employer le permet.

L'ensemble arrêté, on terminera le dessin d'une manière libre et expéditive, en employant la plume et le pinceau, comme il est dit à l'article 2 de ce chapitre, et même les couleurs, si on en a le tems.

Ce genre de dessin pouvant suppléer, dans bien des occasions, au défaut de cartes, sert encore à les vérifier, lorsque l'un est joint à l'autre, c'est-à-dire, lorsque l'on reconnaît dans ces deux espèces de représentations d'un même terrain, les mêmes objets, les mêmes rapports, les mêmes positions respectives, etc.; le dessin alors vérifie la carte, la carte vérifie le dessin, et l'on est assuré de la justesse de l'un et de l'autre.

Le dessin a de plus l'avantage de faire voir le modelé du terrain, les élévations des bâtimens, des montagnes, des escarpemens, etc. d'une manière bien plus naturelle et plus instructive, que ne le peut faire la carte la mieux exprimée.

Ce genre de dessin nous conduit naturellement à donner une idée de l'usage que l'on fait de la perspective dite cavalière.

Cette manière de perspective s'emploie quelquefois dans les cartes, pour mettre en élévation les édifices et les fortifications qui s'y trouvent, et pour y mettre quelques agrémens, et fournir quelques instructions de plus.

ARTICLE IV.

De la Perspective cavalière.

La perspective cavalière consiste à faire l'élévation géométrale des objets, sur le plan géométral des mêmes objets; pour former leur hauteur, on élève à tous les angles de leur plan, des perpendiculaires, que l'on termine par des lignes parallèles à leurs côtés, sans les assujettir à aucun point de fuite.

Pour opérer ainsi, il faut que les plans soient sur de très-grandes échelles. (*Voyez* la Pl. IX.) On jugera aisément, d'après cette figure, qu'une plus grande explication sur cet objet deviendrait superflue.

FIN.

TABLE.

SECONDE PARTIE.

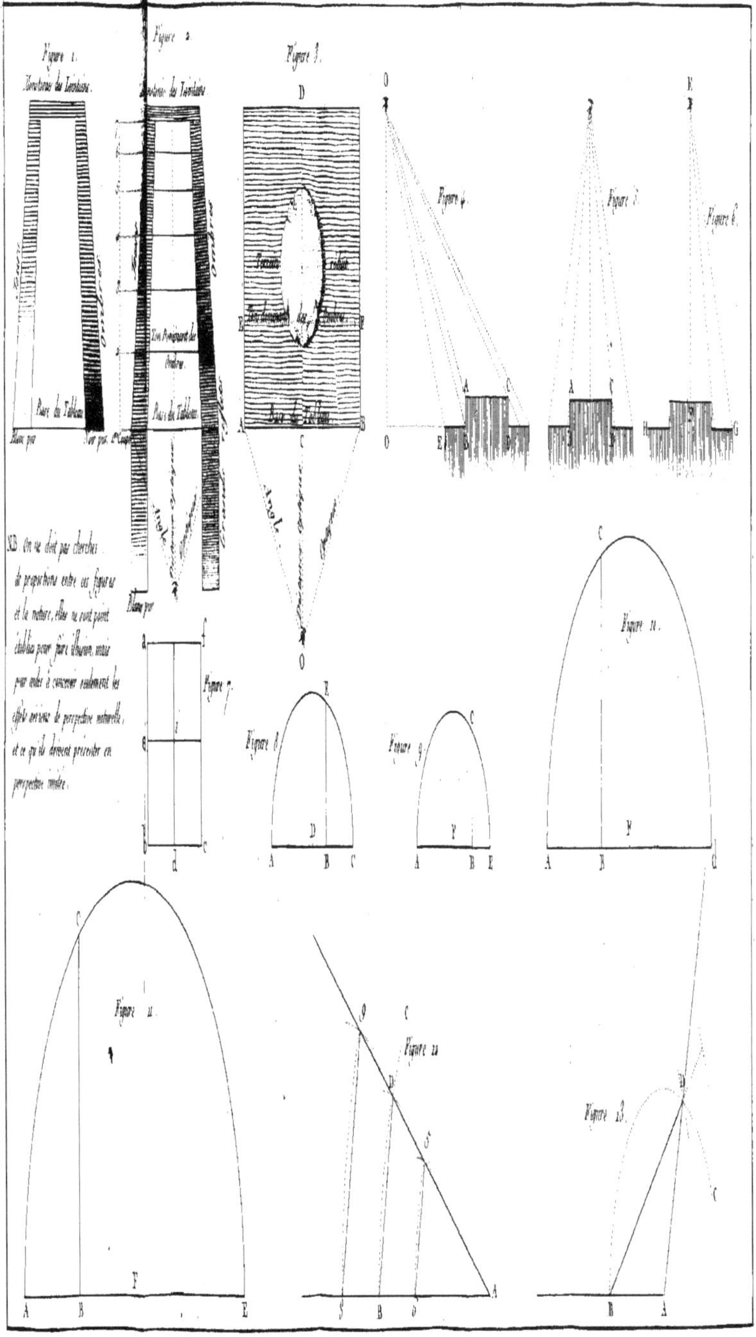

Figure 1.
Figure 2.
Figure 3.
Figure 4.
Figure 5.
Figure 6.
Figure 7.
Figure 8.
Figure 9.
Figure 10.
Figure 11.
Figure 12.
Figure 13.

NB. On ne doit pas chercher de proportions entre ces figures et la nature, elles ne sont point établies pour faire illusion, mais pour aider à concevoir seulement les effets aériens de perspective naturelle, et ce qu'ils doivent présenter en perspective rendue.

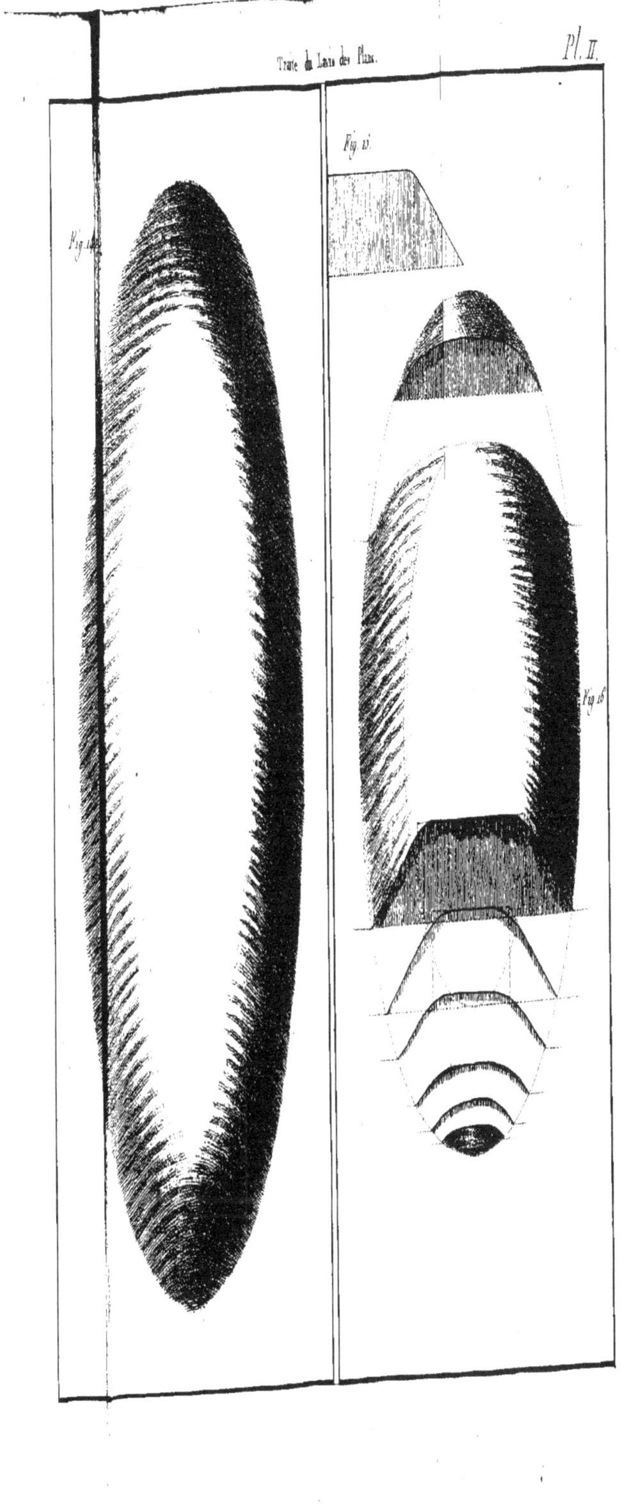

Traité du Lavis des Plans.
Pl. II.
Fig. 13.
Fig. 14.
Fig. 15.
Fig. 16.

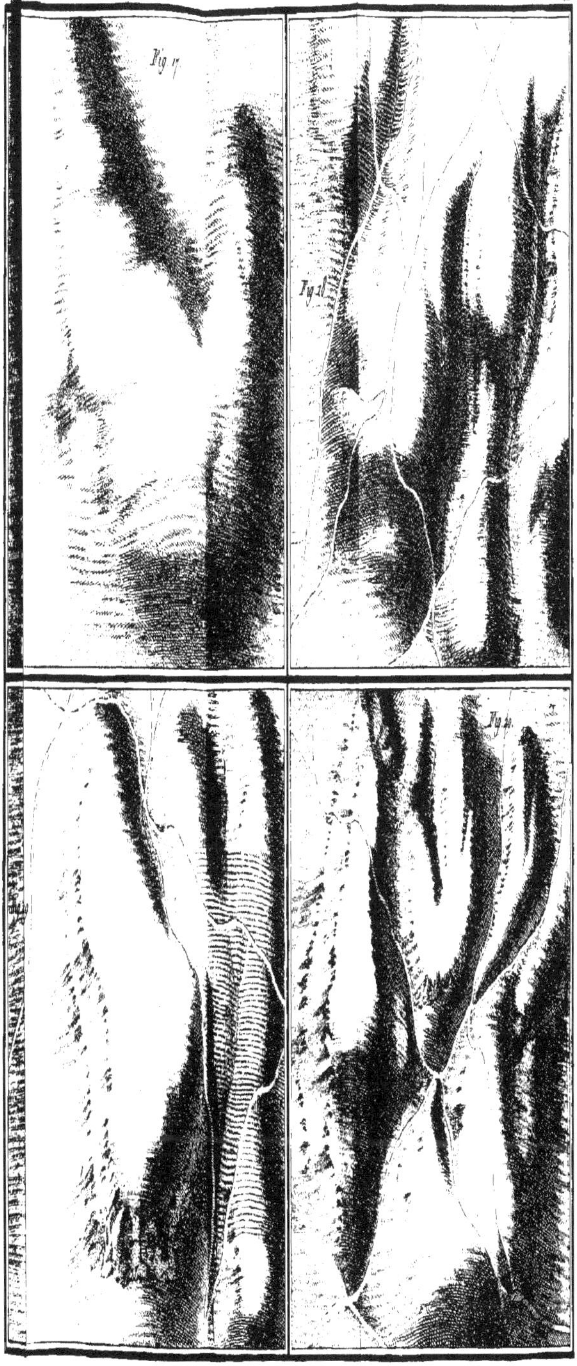

Fig 17
Fig 18
Fig 19
Fig 20

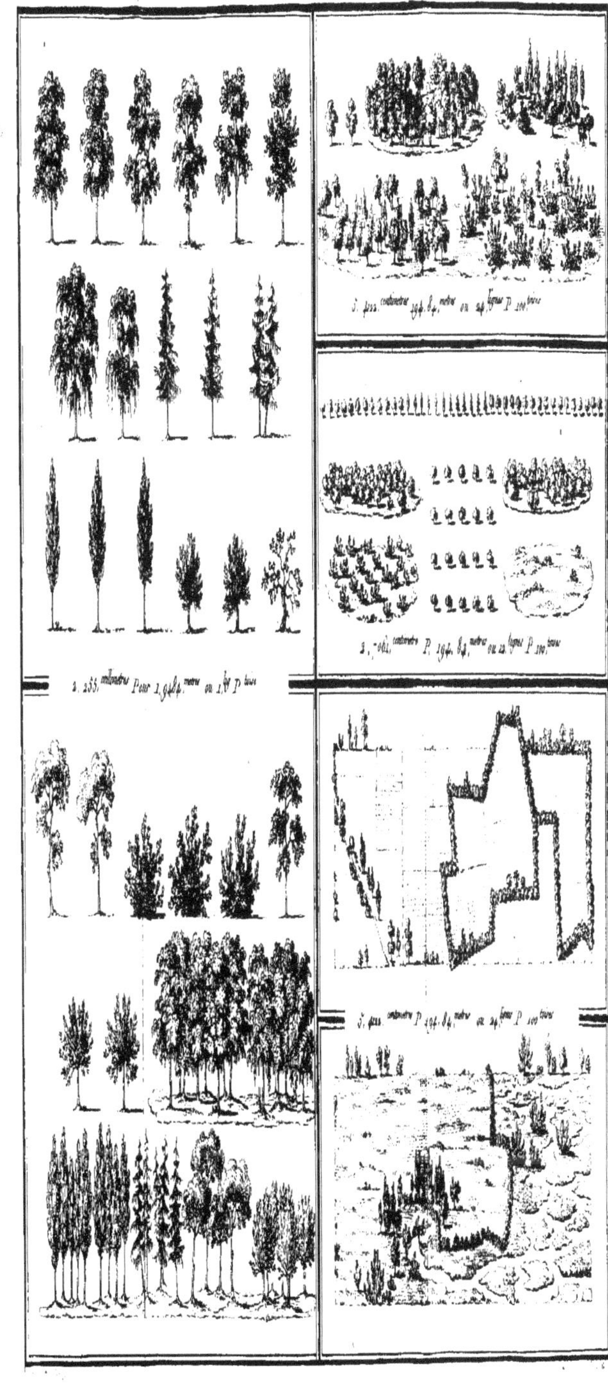

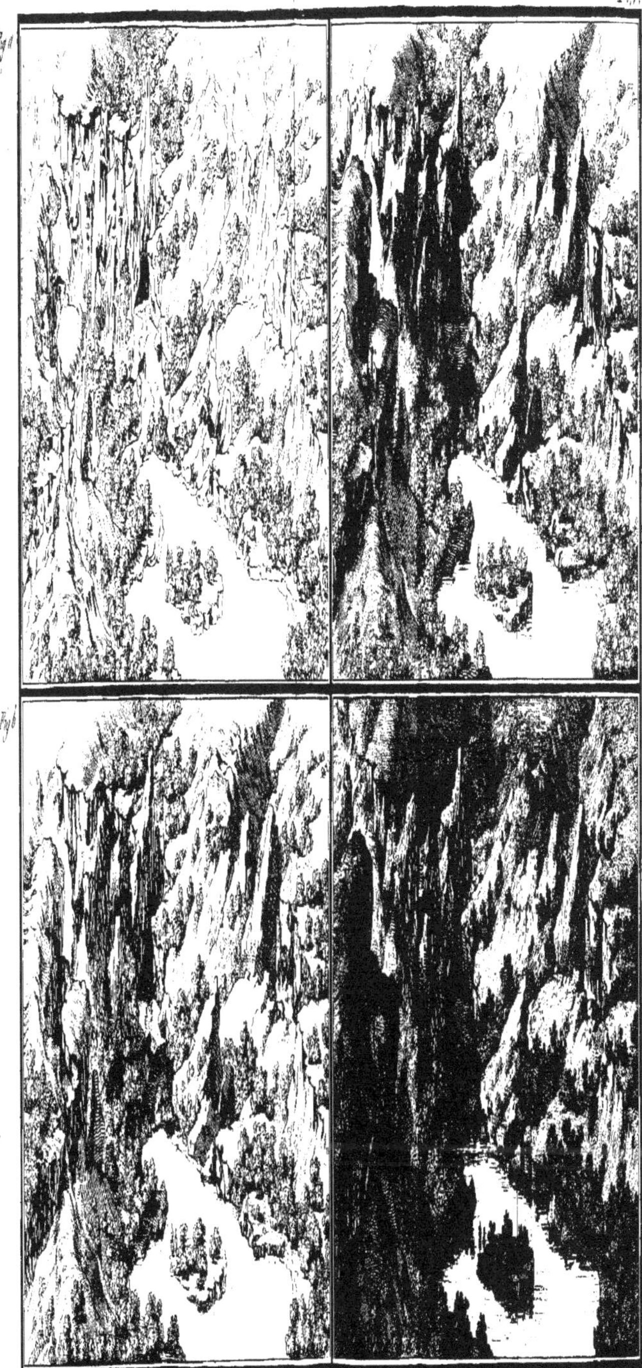
Fig. a
Fig. c
Fig. b
Fig. d
Traité du Levé des Plans.

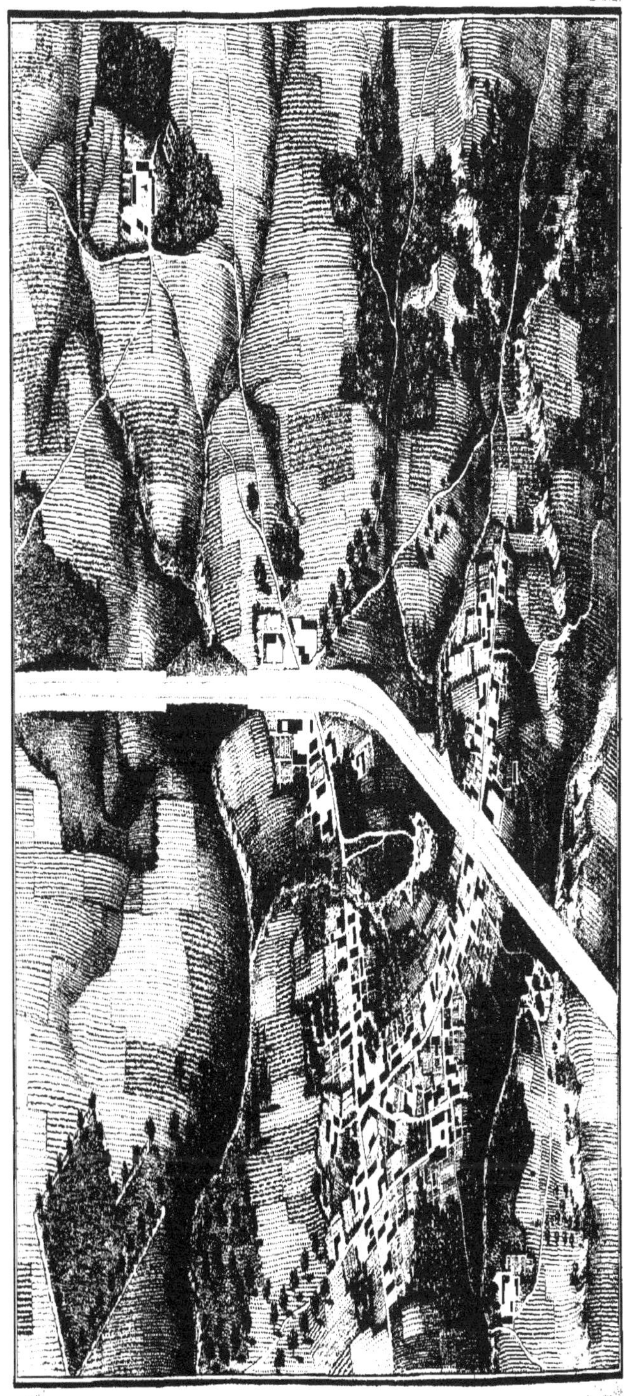

Traité du Lavis des Plans.

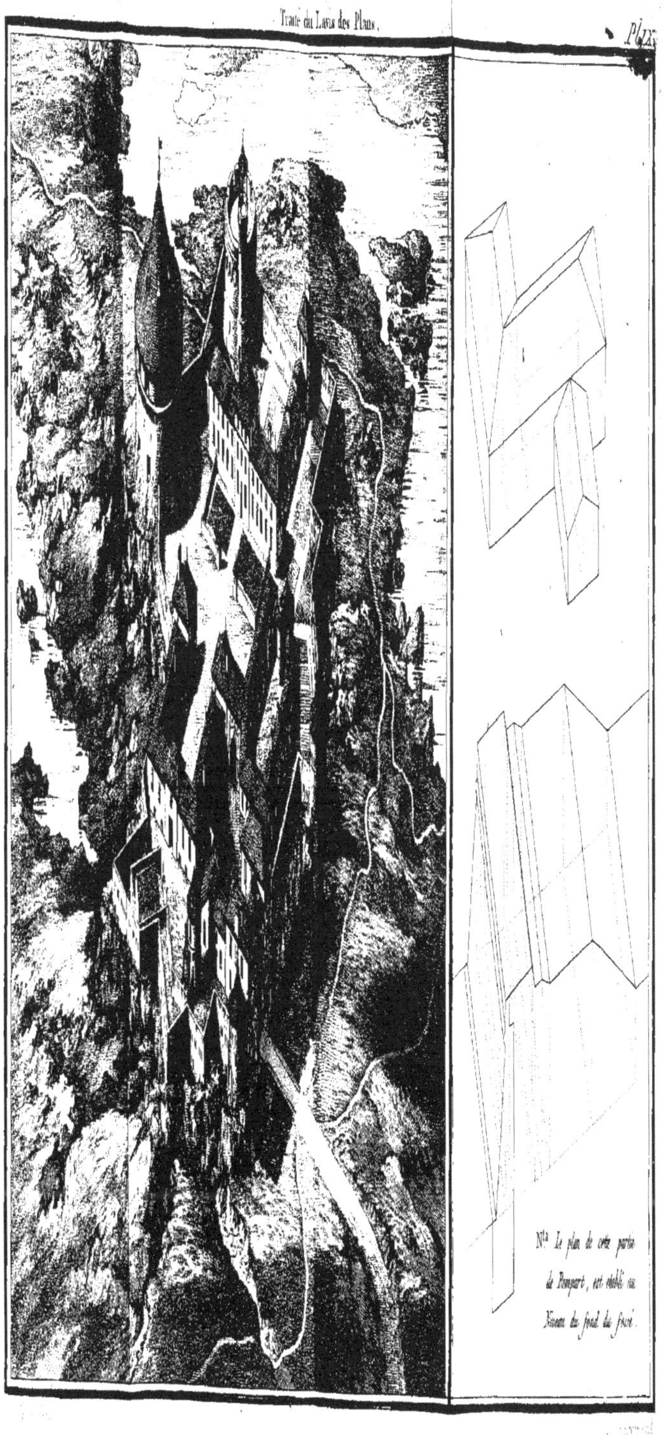

N^{ta} Le plan de cette partie
de Rempart, est établi au
Niveau du fond du fossé.